Diktat-Stars: Mit viel Spaß für Diktate trainieren

Liebe Schülerin, lieber Schüler,

mit diesem Diktattraining kannst du dich selbstständig im Schreiben von Diktaten üben und deine Kenntnisse im Rechtschreiben überprüfen:

- im Unterricht, wenn du mit deinen Aufgaben fertig bist.
- zu Hause, wenn du noch mehr trainieren willst.

Auf die Diktate kannst du dich immer ein Kapitel lang vorbereiten, sodass du am Ende eines Kapitels siehst, was schon gut klappt!

Und so wird geübt:

- Bearbeite eine Doppelseite.
- Vergleiche deine Arbeit nach jeder Doppelseite mit dem Lösungsheft und verbessere Fehler. Wenn du fertig bist, mache ein Häkchen in das Kontrollkästchen unten.
- Nach jeder Doppelseite darfst du außerdem einen Stern hinten in das Heft kleben.
- An jedem Ende eines Kapitels findest du ein Abschluss-Diktat. Dort sind verschiedene Symbole abgebildet. Sie bezeichnen die Möglichkeiten, wie du das Diktat üben kannst.
  Auf Seite 2 sind die Diktatformen erklärt.
- Auf manchen Seiten stehen Sternchen-Aufgaben, bei denen du dich besonders konzentrieren musst. Hast du sie fertig bearbeitet, darfst du nach dem Schreiben einen zusätzlichen Stern kleben.
- Wenn du alle Seiten bearbeitet und mit den Sternen das Bild geschmückt hast, bist du ein **Diktat-Star**!
- Noch ein Tipp: Im Heft findest du noch viele weitere Texte. Du kannst auch diese Texte als Diktat üben. Die Einstiegstexte in die Kapitel sind dabei besonders schwer und für echte Diktat-Profis gedacht!

Hallo, gemeinsam bekommen wir die Diktate schon geschaukelt!

Zum Schluss möchte sich noch der Pelikan Pepe vorstellen. Er begleitet dich in diesem Heft und gibt dir viele wichtige Hinweise.

Viel Spaß beim Üben!

Mögliche Diktatformen

Im Heft findest du verschiedene Diktatformen:

 Text abschreiben: Lies den Text sehr langsam und genau. Schiebe dabei ein Blatt Papier Zeile für Zeile nach unten. Male schwierige Stellen an. Schreibe Wort für Wort. Sprich dabei in Silben mit. Vergleiche jedes Wort genau mit dem Wort im Text. Fehler findest du gut, wenn du den Text Wort für Wort von hinten nach vorne liest. Berichtige Fehler sofort.

 Groß-Klein-Diktat: Lasse dir den Text in Großbuchstaben aufschreiben oder schreibe ihn selbst in Großbuchstaben. Schreibe von dieser Vorlage richtig mit großen und kleinen Buchstaben ab.

 Silbendiktat: Schreibe den Text ab. Sprich dabei in Silben mit. Kennzeichne anschließend alle Silben.
In Silben kannst du Fehler leicht erkennen.

 Würfeldiktat: Würfle mit einem Würfel und schreibe den Satz mit der entsprechenden Nummer in dein Heft. Würfle so lange, bis du alle Sätze aufgeschrieben hast.
Du musst jeden Satz nur ein Mal aufschreiben.

 Diktieren: Lasse dir das Diktat von jemandem vorlesen, erst den gesamten Text, dann die einzelnen Sätze. Lies am Schluss laut, was du selbst geschrieben hast. Vielleicht findest du noch Fehler? Überprüft dann den Text gemeinsam.

 Partnerdiktat: Diktiere einem Partner langsam und deutlich den Text. Schaue genau, was dein Partner schreibt. Wenn dein Partner einen Fehler macht, rufe „Stopp!". Findet dein Partner den Fehler? Wenn nicht, erkläre, was falsch war. Diktiere das Wort erneut. Überprüft den Text zusammen und tauscht dann die Rollen.

 Schleichdiktat: Lege das Heft an einen Ort. Merke dir immer einen Abschnitt oder ein Wort und schleiche zurück zu deinem Platz. Schreibe und kontrolliere am Schluss mit der Vorlage.

Inhaltsverzeichnis

1 Trage die fehlenden Buchstaben des ABC ein.

A a
B b
C c
D d
E e
F f
G g
H h
I i
J j
K k
L l
M m
N n
O o
P p
Q q
R r
S s
T t
U u
V v
W w
X x
Y y
Z z

2 Ordne den Zahlen die Buchstaben zu.
Schreibe in Großbuchstaben.
Findest du die Wörter?

S

1 Manche Buchstaben klingen ganz von selbst. Sie heißen Selbstlaute. Lies laut und male die fünf Selbstlaute in den Buchstabenketten rot an.

Die Selbstlaute a, e, i, o, u merk' ich mir im Nu.

a   be   ce   de   e   ef

ge   ha   i   jott   ka   el   em

en   o   pe   ku/qu   er   es   te

u   vau   we   ix   ypsilon   zett

2 Buchstaben, die besser mit anderen Lauten klingen, heißen Mitlaute. Male sie oben blau an.

3 In diesen Wörtern fehlen die Selbstlaute. Schreibe das richtige Wort daneben. Die Bilder helfen dir.

Tsch _____   Krkdl _____

Kchn _____   Tlfn _____

4 Ersetze in den Wörtern einen Selbstlaut durch einen anderen. Es entsteht ein neues Wort.

N$_u$del → _____   H$_a$nd → _____

K$_e$rn → _____ $_E$ngel → _____

Susi und Tom
Im April besuchen Susi und Tom ihre Tante.
Sie hat Hasen und Enten.
Jeder Hase bekommt einen Namen.
Der Junge füttert sie mit Gras.

(27 Wörter)

der April

die Ente

der Hal

der Hase

die Hose

1 Schreibe den Text ab.
Tipps zum Abschreiben findest du auf Seite 2.

2 Unterstreiche alle Namenwörter im Text.
Schreibe sie auf.

Susi, Tom, April, _____

_____

Jetzt geht's los:
Namenwörter
schreib' ich groß.

der Junge

die Minute

_____

_____

_____

_____

der Monat

der Name

3 Namenwörter haben Begleiter: der, die, das.
Schreibe den passenden Begleiter vor das Wort.

die Hose	_____ Juni	_____ Ente
_____ Name	_____ Hals	_____ Tante
_____ Obst	_____ Hase	_____ Junge

der Saft

die Tante

4 Finde die Namenwörter und schreibe sie mit Begleiter auf.

HOSEJUNGEHALSTANTEAPRIL

die Hose,

MINUTESAFTGRASENTEHASE

5 Fast alle Namenwörter kann man in die Einzahl und in die Mehrzahl setzen. Ergänze die Tabelle.
Denke an die Begleiter.

Einzahl	Mehrzahl
die Minute	
der Monat	
das Telefon	
	die Säfte
	die Scheren
	die Enden

1 Kreise die Satzschlusszeichen: . ? ! gelb ein.

> Susi und Tom gehen in den Zoo. Wo sind die
> Elefanten? Sie fressen unter den Bäumen
> Bananen und Gras. Dann trinken sie Wasser.
> Vorsicht! Sie spritzen die Kinder nass.
>
> (29 Wörter)

2 Was fällt dir nach den Satzschlusszeichen auf?

Nach Satzschlusszeichen schreibe ich _____.

3 Ordne die Purzelsätze und schreibe sie richtig auf.

gehen in den Zoo Die Kinder.

_____

die Elefanten du Findest?

_____

ein Krokodil Da ist!

_____

4 In der Zeile stehen zwei Sätze. Setze nach jedem
Satz einen Punkt. Schreibe die Sätze richtig auf.

Tom besucht die Elefanten sie trompeten laut

_____

_____

die Banane

der Elefa[nt]

das Kame[l]

trompeten

5 Bilde Sätze und schreibe sie auf.
Beginne mit den Wörtern bei der Giraffe.
Achte auf den Satzanfang!

Ich merke mir bloß: Satzanfänge schreibe ich groß!

sehen viele Tiere.

die Kinder
die Giraffe
ein Elefant
die Kamele

fressen Gras.

trompetet laut.

reckt ihren langen Hals.

_____

_____

_____

_____

6 Diktattext. Wie willst du heute üben?
Umkreise: ✏️, A𝑎, ～, 👄, 👥, 🧑.
Die Diktatformen sind auf Seite 2 erklärt.

Susi und Tom besuchen die Tante.
Sie hat Hasen und Enten.
Hat die Tante Elefanten?
Nein.
Die Elefanten trompeten zu laut.

(21 Wörter)

Raupen

Am Krautblatt kleben neun Eier.
Heute schlüpfen kleine Raupen heraus.
Jede hat 16 Beine.
Die Haut ist braun.
Sie bleiben einige Zeit und schauen nach
neuem, feinem Kraut.

(29 Wörter)

1 Schreibe den Text ab.
Tipps zum Abschreiben findest du auf Seite 2.

?! **2** Was haben die Wörter am Baum
gemeinsam? Male an.

Ei   Au   Eu
ei   au   eu

Ich höre „ai" und
schreibe „ei".

3 Male den Doppellaut **ei** in den
Wörtern vom Wörterbaum **rot** an.

4 Ei (1) oder ei (12)? Setze richtig ein.

l____cht	das B____n	l____se
____ns	dr____	kl____n	die Z____t
f____n	w____t	h____ßen	der ____mer
schn____den	arb____ten	

das Bein

blei'ben

drei

das Ei

eins

fein

klein

leicht

lei'se

weit

die Zeit

zwei

⑤ Reime.

heiß   weit   leise
w_____   br_____   die R_____

bleiben   die Eile   reich
schr_____   die Pf_____   w_____

der Reifen   heißen   leicht
pf_____   b_____   s_____

scheinen   drei   schneiden
w_____   der Br_____   l_____

reich   reisen   das Heim
gl_____   kr_____   der R_____

⑥ Wo hörst du ei? Sprich laut und schreibe
zu den passenden Bildern Ei (1) oder ei (3).

Jetzt geht's los:
Namenwörter
schreib' ich groß.

⑦ Schreibe die Wörter mit Ei/ei von
Aufgabe 6 mit ihrem Begleiter auf.

_____

_____

1 Welchen Doppellaut haben die Wörter vom Baum gemeinsam? Male an.

> a und u werden zum Doppellaut au.

Ei Au Eu
ei au eu

2 Male den Doppellaut **au** in den Wörtern vom Wörterbaum **rot** an.

3 Wo hörst du **au**? Sprich laut und schreibe zu den passenden Bildern **Au** (1) oder **au** (4).

 ☐   ☐

 ☐   ☐

 ☐   ☐   ☐

4 Schreibe die Wörter mit **Au/au** von Aufgabe 3 mit ihrem Begleiter auf.

_____

_____

_____

das Auge

das Auto

der Bauch

bauen

der Baum

blau

braun

die Haut

laut

das Krau

die Raupe

schauen

5 Lies immer nur ein Wort ganz genau. Merke dir das Wort und decke es mit einem Blatt zu. Schreibe es auf. Überprüfe Buchstabe für Buchstabe.

die Haut		
das Kraut		
schauen		
braun		
blau		
das Auge		
das Haus		
laut		
bauen		

6 Setze richtig ein: Au (2) oder au (11).
Schreibe den Text in dein Heft ab.

Im B____ch der R____pe ist feines Kr____t.

____s der R____pe wird bald eine Puppe mit fester

H____t. Später schlüpft dar____s ein

Tagpf____en____ge her____s.

Die Flügel haben bl____e Flecken.

Die Flecken sehen wie ____gen ____s.   (34 Wörter)

1 Was haben die Wörter im Baum gemeinsam? Male an.

Ei Au Eu
ei au eu

Ich höre „oi" und schreibe „eu".

2 Male den Doppellaut eu im Wörterbaum rot an.

3 Schreibe zu den passenden Bildern Eu (2) oder eu (3).

4 Schreibe die Namenwörter mit Eu/eu mit ihrem Begleiter auf.

_____

_____

euch
eu'er
die Eu'le
der Eu'ro
die Freu'd
freu'en
der Freund
die Freun'di
heu'te
die Leu'te

neu
neun

① Schreibe die Wörter in Silben auf.

arbeiten Raupe freuen Freunde Freundinnen
schneiden schauen Europa heißen Aufgabe

ar-bei-ten _____

_____

_____

② Male in Aufgabe 1 jeden Selbstlaut (a, e, i, o, u) oder
Doppellaut (ei, au, eu) gelb an.
Wie viele sind in einer Silbe jeweils versteckt?

In jeder Silbe versteckt sich _____

_____

③ Sprich die Wörter laut und füge den richtigen Doppellaut
(Au/au, ei, eu) ein.

die L____ter schn____den br____n das ____ge

die Fr____de der B____ch n____

⭐ 4 Diktattext. Wie willst du heute üben?
Umkreise: ✏️, 𝒜a, 〰️, 👄, 👫, 🖌️.
Die Diktatformen sind auf Seite 2 erklärt.

Frau Baum arbeitet im Garten.
Eins, zwei, drei ist die Zeit um.
Heute ist noch eine Menge Unkraut für die Raupen da.
Die Raupen freuen sich.

(26 Wörter)

Höre ich ea oder a an Wortenden, muss ich meist -er verwenden!

Im Gartenteich

Die Kinder finden im Gartenteich einen Käfer.
Die dunklen Flügel haben einen gelben Rand.
Mit dem Hinterkörper holt er Luft.
Alle warten.
Da! Peter zeigt mit dem Finger.
Der Käfer fängt einen winzigen Fisch.

(36 Wörter)

Gelbrandkäfer

der Dezember

das Fenster

 1 Schreibe den Text ab.
Tipps zum Abschreiben findest du auf Seite 2.

der Finger

2 Umkreise im Text alle er (9) und schreibe
jedes Wort ein Mal auf.

der Käfer

_____

der Kalender

_____

_____

der Körper

 3 Sprich deutlich und ergänze die Wortenden mit
e (4) oder er (10).

der November

Kalend____   Käf____   Has____   Mutt____

Vat____   Kleid____   Blum____   Fing____

Fenst____   Pupp____   Wint____

Novemb____   Körp____   Ameis____

der Oktober

das Thermometer

der Winter

4 Schreibe die passenden Wörter mit Großbuchstaben ins Wortgitter. Der Wörterbaum hilft dir.
Welchen Monat entdeckst du im fetten Rahmen?

1. vorletzter Monat im Jahr
2. der Mantel hält ihn warm
3. kälteste Jahreszeit
4. damit misst du die Temperatur
5. in diesem Monat ist Weihnachten
6. Krabbeltier mit sechs Beinen
7. du hast fünf davon an jeder Hand

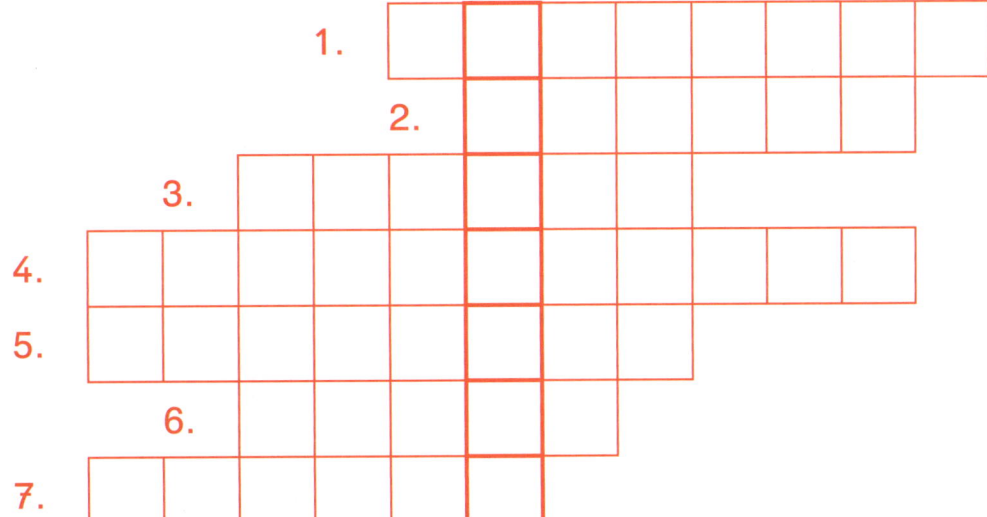

5 Bilde die Mehrzahl.

der Kalender   die _____

das Fenster   die _____

der Käfer   die _____

der Finger   die _____

das Ei   die _____

1 Geheimschrift.
Schreibe die Wörter vom Wörterbaum.

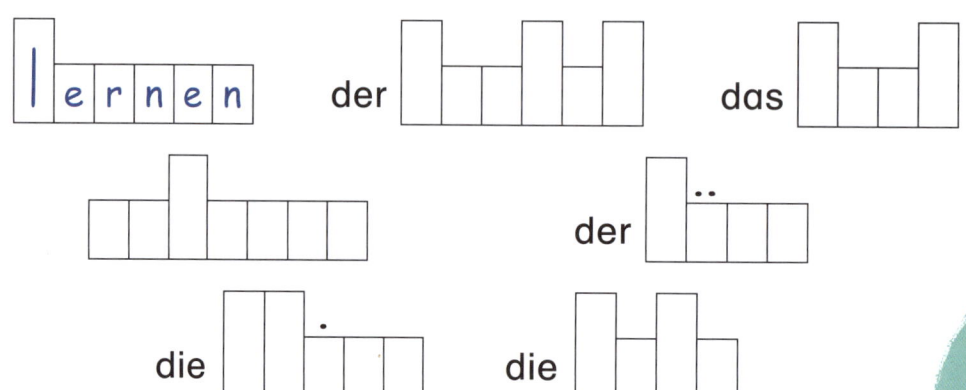

| l | e | r | n | e | n | der [ ] das [ ]

2 An welchen Stellen hörst du bei den Wörtern
vom Baum das r nicht so gut? Male das r und
den Buchstaben davor gelb an.

Beispiel: Eltern

3 Schreibe vom Text alle Wörter mit r (17)
im Wort ab. Markiere das r gelb.

> Es ist Herbst. Morgen will Gerda
> viele Blumenzwiebeln in die
> schwarze Erde geben. Erst gestern hat sie
> das von den Eltern gelernt. Wenn es an
> Ostern wieder warm wird, werden im Garten
> hundert Märzenbecher blühen. (35 Wörter)

Herbst, morgen,

die Eltern

die Erde

gestern

der Herb

lernen

der März

morgen

schwarz

die Stirn

warm

warten

das Wort

4 Schreibe alle Wörter mit r in den Garten.

> Februar   Hund   gestern   Hals   Arm
> morgen   Donnerstag   arbeiten   Temperatur
> Januar   Seil   Birne   Leine   Garten   antworten

Februar

5 Ergänze die Reime.

Der Ofen, der warme, wärmt kalte A_____.

Eilig laufen Pferde über schwarze E_____.

Auf vielen Stirnen balancieren harte B_____.

In seinem Garten will Pepe auf dich w_____.

Er sucht viele Orte für seine guten W_____.

Bei Reisen zu den Sternen, kannst du viel l_____.

Ich habe sie gern, meine lieben Elt_____.

① Die Wörter in der Baumkrone haben am Ende jeweils zwei Buchstaben gemeinsam. Welchen verschluckst du beim Sprechen leicht? Male ihn immer gelb an.

Ich verschlucke beim Sprechen leicht das _____.

② Male in jeder Silbe den Selbstlaut (a, e, i, o, u), Umlaut (ä, ö, ü) oder Doppellaut (au, ei, eu) gelb an. Schreibe die Wörter in Silben auf.

> Genau **ein** Selbstlaut, Umlaut oder Doppellaut ist in jeder Silbe eingebaut.

die Ampel   der Kreisel
der Nebel   der Beutel
die Windel   die Möbel
die Wurzel   der Flügel

Am-pel, _____

_____

_____

③ Verbinde zu sinnvollen Sätzen. Schreibe sie in deinem Heft auf.

Es ist	ist ein Igel.
Weißer Nebel	einen gelben Apfel.
Im Garten des Onkels	dunkel.
Er findet	steigt auf.

④ Male alle e die du nicht gut hörst, in dem Text von Aufgabe 3 gelb an.
Male alle r die du nicht gut hörst, blau an.

die Ampel

der Apfel

dunkel

der Flüge

der Igel

der Nebel

der Onkel

die Wurze

bewegen

fangen

finden

1 Schreibe zu jedem Tunwort die passende Grundform.

er findet ___finden___   es fängt _____

sie scheint _____   er schläft _____

es bewegt _____

er bringt _____

> Die Grundform findest du leicht, indem du die wir-Form bildest:
> er findet – wir **finden**.
> Grundform: finden

?! 2 Welchen Laut verschluckst du beim Sprechen der Grundform leicht? Male ihn in Aufgabe 1 gelb an.

Ich höre den Laut _____ schlecht.

~~ 3 Verbinde die passenden Silben. Schreibe die Wörter.

sa   -fen   ru   sagen, rufen, _____

hel   hal

sin   -ten   fal   _____

fra   -gen   be   _____

4 Diktattext. Wie willst du heute üben?
Umkreise: ✏️, Aa, ~~, 👄, 👫, 🪶.
Die Diktatformen sind auf Seite 2 erklärt.

> Bald ist Winter.
> Die Erde wird kalt.
> Am Fenster ist ein Käfer.
> Der Körper ist fast rund.
> Er hat rote Flügel mit schwarzen Punkten.
> Das Tierchen sucht einen warmen, dunklen Ort.
>
> (31 Wörter)

Was kann das sein?

Es hat einen Rücken, doch keinen Bauch.
In ihm sind Blätter, in ihm blätterst du auch.
Gibst du mir dieses, dann leg ich mich hin
und lese und lese so gern darin.

(36 Wörter)

Sprich b immer besonders weich.

Lösung: Es ist ein _____.

⭐**1** Schreibe den Text ab.
Tipps zum Abschreiben findest du auf Seite 2.

2 Schreibe zu jedem Bild das passende Wort vom
Wörterbaum.

 _____

 _____

 _____

 _____

 _____

 _____

 _____

 _____

das Baby

baden

die Birne

die Blume

die Blüte

der Boden

böse

der Bruder

das Buch

3 b am Silbenanfang!
Setze die Silben zusammen und schreibe auf.

_____

_____

_____

_____

_____

_____

_____

_____

4 Setze B (8) oder b (7) ein.
Dann schreibe den Text in dein Heft ab.

Heute ha____e ich meine ____abypuppe ge____adet.

Da____ei wurde der ____oden nass.

Auf dem ____oden lagen ____lumen und ____lätter.

Mein ____ruder wollte sie trocknen.

Er ____raucht sie für sein ____lüten____uch.

Jetzt ist mein ____ruder ____öse auf mich.

Echt ____löd!

(38 Wörter)

1 Wörter mit D (4) oder d (4) am Anfang.
Schreibe sie.

das ____ach

____anken

die ____ose

d/D

____rei

der ____rachen

____unkel

der ____aumen

____enken

das Dach

dan'ken

der Dau'men

den'ken

doch

die Do'se

_____

_____

_____

_____

2 Silbenrätsel. Setze die Puzzleteile sinnvoll
zusammen und schreibe.

Din   Dau
   cken
 cher
     drü
 Dä
    men   ge

_____

_____

_____

_____

3 d am Silbenanfang!
Setze die Silben zusammen und schreibe.

re   fin

La   -den   ba

Fa   Bo

En

Stun   Er

-de   Wen

Pfer   Ban

_____

_____

_____

_____

_____

4 Mache nach jedem Wort einen Strich.
Schreibe die Unsinnssätze.

Drei|DackeldackelndurchDresden.

_____

DummeDamendenkendummeDinge.

_____

BrauneBraunbärenbesuchenblaueBlauwale.

_____

_____

① Verändere die Tunwörter.

gehen		**geben**	
ich	_gehe_	ich	_____
du	_____	du	_gi_____
er	_____	er	_gi_____
wir	_____	wir	_____
ihr	_____	ihr	_____

② Findest du das Gegenteil?
Die Wörter vom Baum helfen dir.

krank _____   klein _____

böse _____   nehmen _____

Aa ⭐**3** Löse das Rätsel. Dann umkreise alle
16 Buchstaben, die du großschreiben musst.
Schreibe das Rätsel richtig in dein Heft.

DIESE VÖGEL SIND GROß UND LAUT.
GESICHT UND FEDERN SIND WEIß.
SIE GEHEN GERN, ABER NICHT GUT.
SIE FRESSEN GEMÜSE, GETREIDE UND
GRÜNES GRAS.
IHR LIEBLINGSESSEN SIND DIESE
WEIßEN BLÜMCHEN AUF DER WIESE.
DIE BLUMEN HEIßEN DESHALB AUCH

_____BLÜMCHEN.   (39 Wörter)

Lösung: Die Vögel heißen _____. ☆

ge'ben

ge'hen

gelb

das
Ge'mü'se

das Ge'sich

ge'sund

groß

grün

gut

① Welche Anfangsbuchstaben passen? Setze richtig ein:
B/b, D/d, G/g.

die ____ecke   ____eige   der ____är

____lücklich   das ____old   ____öse

____reckig   ____eheim   ____ewegen

____ürfen   die ____ose   ____raben

② Ordne die Wörter vom Baum in die passende Zeile.

Namenwörter:

das _____   das _____

Tunwörter

wir _____   wir _____

Wiewörter _____, _____,

_____, _____, _____

> Was können wir tun? Ein Tunwort antwortet uns nun. Wie ist es?, fragen wir. Ein Wiewort antwortet mir.

3 Diktattext. Wie willst du heute üben?
Umkreise: 🖍, 𝒜a, 〰, 👄, 👫, 🧑.
Die Diktatformen sind auf Seite 2 erklärt.

Denke nach!
Es ist ein großes, gutes, gesundes
Gemüse aus dem Garten.
Du findest es am Boden.
Es ist grün, lang und saftig und gut im Salat.

Es ist eine Gurke.

(32 Wörter)

Das Pferd

Tina malt auf schönes Papier ein großes Pferd.
Es steht zwischen grünen Pflanzen und trägt
einen Prinzen. Das Fell ist ganz
schwarz. Tina will so ein Pferd
haben und es gut pflegen.

(34 Wörter)

1 Schreibe den Text ab.
Tipps zum Abschreiben findest du auf Seite 2.

2 Male P/p im Wörterbaum rot an.

3 Halte deine flache Hand vor den Mund und
sprich einmal B und einmal P.
Wie spürst du B und P?

Ich spüre beim P
☐ die Luft stark.
☐ die Luft weich.

Ich spüre das B
☐ hart.
☐ weich.

4 Ordne die Wörter vom Baum nach der Anzahl
der Buchstaben in die Kästchen.

das Papier

das Pferd

die Pflanze

pflanzen

pflegen

5 Wo spürst du das harte P? Sprich deutlich und schreibe zu den passenden Bildern P (6).

6 Wo hörst du Pf/pf: am Anfang, in der Mitte oder am Schluss? Kreuze an.

7 B/b (5) oder P/p (5)? Sprich deutlich und spüre den Luftstrom bei P/p. Setze richtig ein und schreibe die Wörter.

___a___ier   ___ause   ___echer   ___ogen

___auch   ___aum   ___aket   ___uch   ___ost

_____

_____

_____

👄 ① Halte deine flache Hand vor den Mund und sprich einmal **D** und ganz hart **T**. Wie spürst du **D** und **T**?

Ich spüre beim **T**
☐ die Luft stark.
☐ die Luft weich.

Ich spüre das **D**
☐ hart.
☐ weich.

👄👂 ② Sprich deutlich und schreibe zu den passenden Bildern **T** (4).

✏️⭐ ③ Ergänze den Text mit **T** (6) oder **t** (3).
Schreibe ihn auf einem Blatt Papier ab.

___ina will nicht ___urnen. Sie ___rinkt

___ee. Ist sie krank? Das ___hermometer

zeigt eine hohe ___emperatur an.

Die Mutter ___rägt ihre ___ochter zum Sofa

und liest ihr aus dem ___aschenbuch vor.

(31 Wörter)

die Tasche

der Tee

das Telefo

die Temperatu

das Thermomet

die Tochter

die Torte

tragen

trinken

turnen

30

4 Trage die Wörter vom Baum passend ein.
Verwende Großbuchstaben.

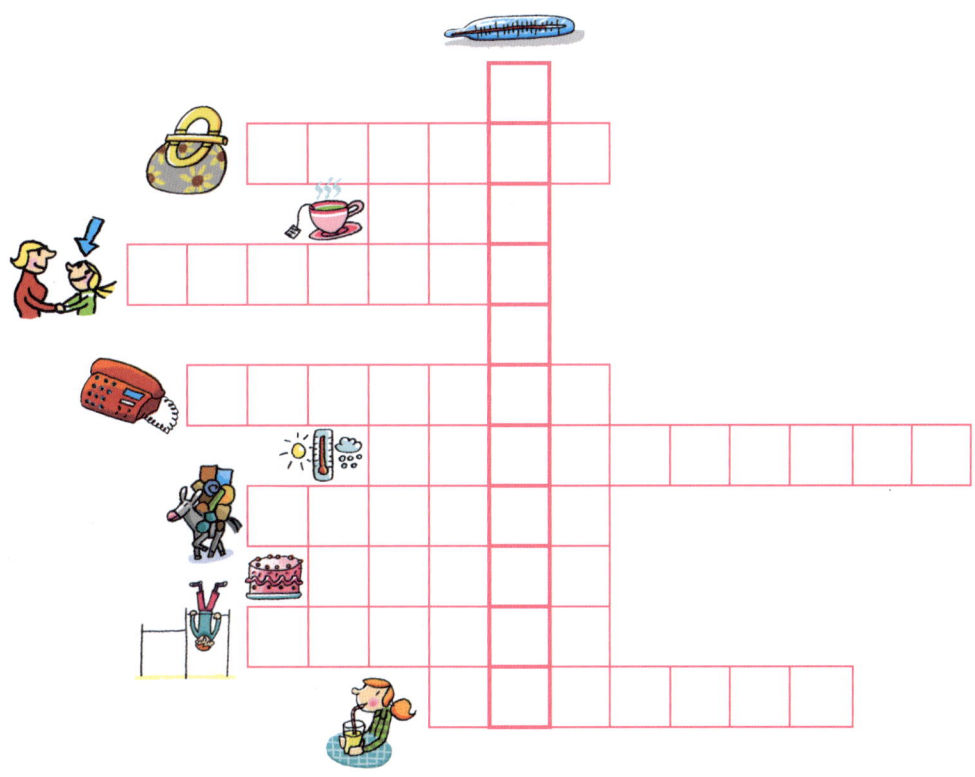

5 t oder d am Silbenanfang.
Setze die Silben richtig zusammen und schreibe die Wörter.

antwor — arbei — re — war

wen — -ten/-den — bin — wer

sen — rei — star — wet

_____

_____

_____

Ich spreche P, T, und das K besonders hart und spür es klar.

1 Male K/k im Wörterbaum rot an.

 2 Halte deine flache Hand vor den Mund und sprich einmal G und ganz hart K. Wie spürst du G und K?

Ich spüre beim K
☐ die Luft stark.
☐ die Luft weich.

Ich spüre das G
☐ hart.
☐ weich.

3 Sortiere die Wörter aus dem Wörterbaum.

Namenwörter (5): _____

_____

Tunwörter (1): _____

Wiewörter (3): _____

 4 Welche Buchstaben musst du großschreiben (13)? Umkreise sie. Schreibe dann den Text richtig in dein Heft.

DER KALENDER ZEIGT DEN MONAT OKTOBER. ES IST SCHON SEHR KALT. DIE KLEINE TINA SOLL NICHT KRANK WERDEN. MUTTER KAUFT FÜR SIE EINEN ANORAK MIT KAPUZE. DER HÄLT KOPF UND KÖRPER WARM.

(32 Wörter)

der Käfer

der Kalender

kalt

die Kälte

kaufen

klein

der Kopf

der Körper

krank

Lösungen Diktat-Stars 1/2

(zum Heraustrennen die mittlere Klammer lösen)

ABC

1 Trage die fehlenden Buchstaben des ABC ein.

Fische: a, b, c, d, e, f, g, h, i, j, k, l, m, n, o, p, q, r, s, t, u, v, w, x, y, z

A a
B b
C c
D d
E e
F f
G g
H h
I i
J j
K k
L l
M m
N n
O o
P p
Q q
R r
S s
T t
U u
V v
W w
X x
Y y
Z z

2 Ordne den Zahlen die Buchstaben zu. Schreibe in Großbuchstaben. Findest du die Wörter?

19 5 5 19 20 5 18 14
S E E S T E R N

20 9 14 20 5 14 6 9 19 3 8
T I N T E N F I S C H

6 5 21 5 18 17 21 1 12 12 5
F E U E R Q U A L L E

4

Selbstlaute und Mitlaute

Die Selbstlaute a, e, i, o, u merk' ich mir im Nu.

1 Manche Buchstaben klingen ganz von selbst. Sie heißen Selbstlaute. Lies laut und male die fünf Selbstlaute in den Buchstabenketten rot an.

a – be – ce – de – e – ef
ge – ha – i – jott – ka – el – em
en – o – pe – ku/qu – er – es – te
u – vau – we – ix – ypsilon – zett

2 Buchstaben, die besser mit anderen Lauten klingen, heißen Mitlaute. Male sie oben blau an.

3 In diesen Wörtern fehlen die Selbstlaute. Schreibe das richtige Wort daneben. Die Bilder helfen dir.

Tsch — Tasche   Krkdl — Krokodil
Kchn — Kuchen   Tlfn — Telefon

4 Ersetze in den Wörtern einen Selbstlaut durch einen anderen. Es entsteht ein neues Wort.

Nudel → Nadel   Hand → Hund
Kern → Korn   Engel → Angel

kontrolliert: ☐   5

Großschreibung Namenwörter

Susi und Tom

Im April besuchen Susi und Tom ihre Tante.
Sie hat Hasen und Enten.
Jeder Hase bekommt einen Namen.
Der Junge füttert sie mit Gras.

(27 Wörter)

1 Schreibe den Text ab. Tipps zum Abschreiben findest du auf Seite 2.

2 Unterstreiche alle Namenwörter im Text. Schreibe sie auf.

Susi, Tom, April,
Tante, Hasen,
Enten, Hase,
Namen, Junge,
Gras

Jetzt geht's los: Namenwörter schreib' ich groß.

3 Namenwörter haben Begleiter: der, die, das. Schreibe den passenden Begleiter vor das Wort.

die Hose   der Juni   die Ente
der Name   der Hals   die Tante
das Obst   der Hase   der Junge

der April
die Ente
der Hals
der Hase
die Hose
der Junge
die Minute
der Monat
der Name
der Saft
die Tante

4 Finde die Namenwörter und schreibe sie mit Begleiter auf.

HOSEJUNGEHALSTANTEAPRIL

die Hose, der Junge, der Hals,
die Tante, der April

MINUTESAFTGRASENTEHASE

die Minute, der Saft, das Gras,
die Ente, der Hase

5 Fast alle Namenwörter kann man in die Einzahl und in die Mehrzahl setzen. Ergänze die Tabelle. Denke an die Begleiter.

Einzahl	Mehrzahl
die Minute	die Minuten
der Monat	die Monate
das Telefon	die Telefone
der Saft	die Säfte
die Schere	die Scheren
das Ende	die Enden

6

kontrolliert: ☐   7

① Kreise die Satzschlusszeichen: . ? ! gelb ein.

Susi und Tom gehen in den Zoo. Wo sind die
Elefanten? Sie fressen unter den Bäumen
Bananen und Gras. Dann trinken sie Wasser.
Vorsicht! Sie spritzen die Kinder nass.

(29 Wörter)

② Was fällt dir nach den Satzschlusszeichen auf?

Nach Satzschlusszeichen schreibe ich groß .

die Banane

der Elefant

das Kamel

trompeten

③ Ordne die Purzelsätze und schreibe sie richtig auf.

gehen in den Zoo Die Kinder.

Die Kinder gehen in den Zoo.

die Elefanten du Findest?

Findest du die Elefanten?

ein Krokodil Da ist!

Da ist ein Krokodil!

④ In der Zeile stehen zwei Sätze. Setze nach jedem
Satz einen Punkt. Schreibe die Sätze richtig auf.

Tom besucht die Elefanten sie trompeten laut

Tom besucht die Elefanten.

Sie trompeten laut.

8

⑤ Bilde Sätze und schreibe sie auf.
Beenne mit den Wörtern bei der Giraffe.
Achte auf den Satzanfang!

Ich merke mir
bloß: Satzanfänge
schreibe ich groß!

sehen viele Tiere.

die Kinder
die Giraffe
ein Elefant
die Kamele

trompetet laut.

fressen Gras.

reckt ihren langen Hals.

Die Kinder sehen viele Tiere.

Die Giraffe reckt ihren langen Hals.

Ein Elefant trompetet laut.

Die Kamele fressen Gras.

⑥ Diktattext. Wie willst du heute üben?
Umkreise: 📓, ✍, 〰, ➖, 🧍, 🖊.
Die Diktatformen sind auf Seite 2 erklärt.

Susi und Tom besuchen die Tante.
Sie hat Hasen und Enten.
Hat die Tante Elefanten?
Nein.
Die Elefanten trompeten zu laut.

(21 Wörter)

Raupen
Am Krautblatt kleben neun Eier.
Heute schlüpfen kleine Raupen heraus.
Jede hat 16 Beine.
Die Haut ist braun.
Sie bleiben einige Zeit und schauen nach
neuem, feinem Kraut.

(29 Wörter)

das Bein

① Schreibe den Text ab.
Tipps zum Abschreiben findest du auf Seite 2.

② Was haben die Wörter am Baum
gemeinsam? Male an.

bleiben

drei

das Ei

eins

Ei Au Eu
ei au eu

fein

klein

Ich höre „ai" und
schreibe „ei".

leicht

③ Male den Doppellaut ei in den
Wörtern vom Wörterbaum rot an.

leise

④ Ei (1) oder ei (12)? Setze richtig ein.

l ei cht   das B ei n   l ei se

ei ns   dr ei   kl ei n   die Z ei t

f ei n   w ei t   h ei ßen   der Ei mer

schn ei den   arb ei ten

weit

die Zeit

zwei

⑤ Reime.

heiß	weit	leise
w eiß	br eit	R eise
bleiben	die Eile	reich
schr eiben	die Pf eile	w eich
der Reifen	heißen	leicht
pf eifen	b eißen	s eicht
scheinen	drei	schneiden
w einen	der Br ei	leiden
reich	reisen	das Heim
gl eich	kr eisen	der R eim

⑥ Wo hörst du ei? Sprich laut und schreibe
zu den passenden Bildern Ei (1) oder ei (3).

ei   Ei   ei

☐   ei   ☐

Jetzt geht's los:
Namenwörter
schreib' ich groß.

⑦ Schreibe die Wörter mit Ei/ei von
Aufgabe 6 mit ihrem Begleiter auf.

die Leine, das Eis,

das Seil, die Beine

10

?! ① Welchen Doppellaut haben die Wörter vom Baum gemeinsam? Male an.

a und u werden zum Doppellaut au.

Ei **Au** Eu
ei **au** eu

② Male den Doppellaut au in den Wörtern vom Wörterbaum rot an.

③ Wo hörst du au? Sprich laut und schreibe zu den passenden Bildern Au (1) oder au (4).

 Au   ☐

 au   au

 au   au   ☐

④ Schreibe die Wörter mit Au/au von Aufgabe 3 mit ihrem Begleiter auf.

das Auto, der Baum, die Raupe,

der Bauch, die Braut

Wörterbaum:
das Auge
das Auto
der Bauch
bauen
der Baum
blau
braun
die Haut
laut
das Kraut

die Raupe
schauen

12

---

⑤ Lies immer nur ein Wort ganz genau. Merke dir das Wort und decke es mit einem Blatt zu. Schreibe es auf. Überprüfe Buchstabe für Buchstabe.

die Haut		die Haut
das Kraut		das Kraut
schauen		schauen
braun		braun
blau		blau
das Auge		das Auge
das Haus		das Haus
laut		laut
bauen		bauen

⑥ Setze richtig ein: Au (2) oder au (11). Schreibe den Text in dein Heft ab.

Im B_au_ch der R_au_pe ist feines Kr_au_t.

_Au_s der R_au_pe wird bald eine Puppe mit fester

H_au_t. Später schlüpft dar_au_s ein

Tagpf_au_en_au_ge her_au_s.

Die Flügel haben bl_au_e Flecken.

Die Flecken sehen wie _Au_gen _au_s.   (34 Wörter)

?! ① Was haben die Wörter im Baum gemeinsam? Male an.

Ich höre „oi" und schreibe „eu".

Ei Au **Eu**
ei au **eu**

② Male den Doppellaut eu im Wörterbaum rot an.

③ Schreibe zu den passenden Bildern Eu (2) oder eu (3).

 ☐   Eu   ☐

 eu   eu   ☐

 eu   Eu   ☐

④ Schreibe die Namenwörter mit Eu/eu mit ihrem Begleiter auf.

der Euro, die Eule, die Beule,

die Keule, die Freunde

Wörterbaum:
euch
euer
die Eule
der Euro
die Freude
freuen
der Freund
die Freundin
heute
die Leute

neu
neun

14

〜 ① Schreibe die Wörter in Silben auf.

arbeiten   Raupe   freuen   Freunde   Freundinnen
schneiden   schauen   Europa   heißen   Aufgabe

ar-bei-ten, Rau-pe, freu-en, Freun-de,

Freun-din-nen, schnei-den, schau-en,

Eu-ro-pa, hei-ßen, Auf-ga-be

?! ② Male in Aufgabe 1 jeden Selbstlaut (a, e, i, o, u) oder Doppellaut (ei, au, eu) gelb an. Wie viele sind in einer Silbe jeweils versteckt?

In jeder Silbe versteckt sich ein Selbstlaut oder

ein Doppellaut.

③ Sprich die Wörter laut und füge den richtigen Doppellaut (Au/au, ei, eu) ein.

die L_ei_ter   schn_ei_den   br_au_n   das _Au_ge

die Fr_eu_de   der B_au_ch   n_eu_

④ Diktattext. Wie willst du heute üben? Umkreise: 🖊️, ✏️, 〜, 👁️, 👥, 🖍️. Die Diktatformen sind auf Seite 2 erklärt.

Frau Baum arbeitet im Garten.
Eins, zwei, drei ist die Zeit um.
Heute ist noch eine Menge Unkraut für die Raupen da.
Die Raupen freuen sich.   (26 Wörter)

Im Gartenteich
Die Kinder finden im Gartenteich einen Käfer.
Die dunklen Flügel haben einen gelben Rand.
Mit dem Hinterkörper holt er Luft.
Alle warten.
Da! Peter zeigt mit dem Finger.
Der Käfer fängt einen winzigen Fisch.

(36 Wörter)

Gelbrandkäfer

Höre ich ea oder a an Wortenden, muss ich meist -er verwenden!

1 Schreibe den Text ab.
Tipps zum Abschreiben findest du auf Seite 2.

2 Umkreise im Text alle er (9) und schreibe jedes Wort ein Mal auf.

Kinder, Käfer, Hinterkörper,

er, Peter, Finger, der

_____

3 Sprich deutlich und ergänze die Wortenden mit e (4) oder er (10).

Kalender   Käfer   Hase   Mutter

Vater   Kleider   Blume   Finger

Fenster   Puppe   Winter

November   Körper   Ameise

der Dezember
das Fenster
der Finger
der Käfer
der Kalender
der Körper
der November
der Oktober
das Thermometer
der Winter

16

4 Schreibe die passenden Wörter mit Großbuchstaben ins Wortgitter. Der Wörterbaum hilft dir.
Welchen Monat entdeckst du im fetten Rahmen?

1. vorletzter Monat im Jahr
2. der Mantel hält ihn warm
3. kälteste Jahreszeit
4. damit misst du die Temperatur
5. in diesem Monat ist Weihnachten
6. Krabbeltier mit sechs Beinen
7. du hast fünf davon an jeder Hand

1. N O V E M B E R
2. K Ö R P E R
3. W I N T E R
4. T H E R M O M E T E R
5. D E Z E M B E R
6. K Ä F E R
7. F I N G E R

5 Bilde die Mehrzahl.

der Kalender   die Kalender
das Fenster   die Fenster
der Käfer   die Käfer
der Finger   die Finger
das Ei   die Eier

---

1 Geheimschrift.
Schreibe die Wörter vom Wörterbaum.

l e r n e n   der H e r b s t   das W o r t

s c h w a r z   der M ä r z

die S t i r n   die E r d e

2 An welchen Stellen hörst du bei den Wörtern vom Baum das r nicht so gut? Male das r und den Buchstaben davor gelb an.

Beispiel: Eltern

3 Schreibe vom Text alle Wörter mit r (17) im Wort ab. Markiere das r gelb.

Es ist Herbst. Morgen will Gerda viele Blumenzwiebeln in die schwarze Erde geben. Erst gestern hat sie das von den Eltern gelernt. Wenn es an Ostern wieder warm wird, werden im Garten hundert Märzenbecher blühen.

(35 Wörter)

Herbst, morgen, Gerda, schwarz,

Erde, erst, gestern, Eltern, gelernt,

Ostern, wieder, warm, wird, werden,

Garten, hundert, Märzenbecher

die Eltern
die Erde
gestern
der Herbst
lernen
der März
morgen
schwarz
die Stirn
warm
warten
das Wort

18

4 Schreibe alle Wörter mit r in den Garten.

Februar   Hund   gestern   Hals   Arm
morgen   Donnerstag   arbeiten   Temperatur
Januar   Seil   Birne   Leine   Garten   antworten

Februar   gestern   Arm
morgen   Donnerstag   Januar
arbeiten   Birne
Temperatur   Garten
antworten

5 Ergänze die Reime.

Der Ofen, der warme, wärmt kalte Arme

Eilig laufen Pferde über schwarze Erde

Auf vielen Stirnen balancieren harte Birnen

In seinem Garten will Pepe auf dich warten

Er sucht viele Orte für seine guten Worte

Bei Reisen zu den Sternen, kannst du viel lernen

Ich habe sie gern, meine lieben Eltern

Der Wortbaustein -el

① Die Wörter in der Baumkrone haben am Ende jeweils zwei Buchstaben gemeinsam.
Welchen verschluckst du beim Sprechen leicht?
Male ihn immer gelb an.

Ich verschlucke beim Sprechen leicht das __e__.

② Male in jeder Silbe den Selbstlaut (a, e, i, o, u), Umlaut (ä, ö, ü) oder Doppellaut (au, ei, eu) gelb an. Schreibe die Wörter in Silben auf.

Genau ein Selbstlaut, Umlaut oder Doppellaut ist in jeder Silbe eingebaut.

die Ampel · der Kreisel
der Nebel · der Beutel
die Windel · die Möbel
die Wurzel · der Flügel

Am-pel, Ne-bel, Win-del,
Wur-zel, Krei-sel,
Beu-tel, Mö-bel, Flü-gel

③ Verbinde zu sinnvollen Sätzen.
Schreibe sie in deinem Heft auf.

Es ist ———— ist ein Igel.
Weißer Nebel ———— einen gelben Apfel.
Im Garten des Onkels ———— dunkel.
Er findet ———— steigt auf.

④ Male alle e die du nicht gut hörst, in dem Text von Aufgabe 3 gelb an.
Male alle r die du nicht gut hörst, blau an.

die Ampel
der Apfel
dunkel
der Flügel
der Igel
der Nebel
der Onkel
die Wurzel

bewegen
fangen
finden

20

Der Wortbaustein -en

① Schreibe zu jedem Tunwort die passende Grundform.

er findet __finden__   es fängt __fangen__
sie scheint __scheinen__   er schläft __schlafen__
es bewegt __bewegen__
er bringt __bringen__

*Die Grundform findest du leicht, indem du die wir-Form bildest:
er findet – wir finden.
Grundform: finden*

② Welchen Laut verschluckst du beim Sprechen der Grundform leicht?
Male ihn in Aufgabe 1 gelb an.

Ich höre den Laut __e__ schlecht.

③ Verbinde die passenden Silben. Schreibe die Wörter.

sa · -fen · ru   sagen, rufen, helfen, singen,
hel · -ten · hal   fragen, halten,
sin · fal
fra · -gen · be   falten, beten

④ Diktattext. Wie willst du heute üben?
Umkreise: ✏, A, ∼, ✈, 👥, ✂.
Die Diktatformen sind auf Seite 2 erklärt.

Bald ist Winter.
Die Erde wird kalt.
Am Fenster ist ein Käfer.
Der Körper ist fast rund.
Er hat rote Flügel mit schwarzen Punkten.
Das Tierchen sucht einen warmen, dunklen Ort.

(31 Wörter)

B/b

Sprich b immer besonders weich.

Was kann das sein?
Es hat einen Rücken, doch keinen Bauch.
In ihm sind Blätter, in ihm blätterst du auch.
Gibst du mir dieses, dann leg ich mich hin
und lese und lese so gern darin.

(36 Wörter)

Lösung: Es ist ein __Buch__.

① Schreibe den Text ab.
Tipps zum Abschreiben findest du auf Seite 2.

② Schreibe zu jedem Bild das passende Wort vom Wörterbaum.

Birne
baden
Buch
Blume
böse
Blüte
Baby
Boden
Bruder

das Baby
baden
die Birne
die Blume
die Blüte
der Boden
böse
der Bruder
das Buch

③ b am Silbenanfang!
Setze die Silben zusammen und schreibe auf.

leben, reiben,
bleiben, schreiben,
geben, kleben

le · rei · blei · schrei · ge · kle · -ben

Räuber, sauber,
Oktober, September,
Dezember, November

Räu · sau · Okto · Septem · Dezem · Novem · -ber

④ Setze B (8) oder b (7) ein.
Dann schreibe den Text in dein Heft ab.

Heute ha__b__e ich meine __B__abypuppe ge__b__adet.

Da__b__ei wurde der __B__oden nass.

Auf dem __B__oden lagen __B__lumen und __B__lätter.

Mein __B__ruder wollte sie trocknen.

Er __b__raucht sie für sein __B__lüten__b__uch.

Jetzt ist mein __B__ruder __b__öse auf mich.

Echt __b__löd!

(38 Wörter)

22

① Wörter mit D (4) oder d (4) am Anfang.
Schreibe sie.

das D_ach   d_anken

die D_ose   d/D   d_rei

das Dach

der D_rachen   d_unkel

danken

d_enken   der D_aumen

der Daumen

die Dose, das Dach,
danken, drei, dunkel,
der Drachen, denken,
der Daumen

denken

doch

② Silbenrätsel. Setze die Puzzleteile sinnvoll
zusammen und schreibe.

die Do·se

Din   Dau
cher   cken
Dä   drü
men   ge

Dinge
Dächer
drücken
Daumen

~ ③ d am Silbenanfang!
Setze die Silben zusammen und schreibe.

re   fin   Stun   En   Er
La   -den   ba   -de   Wen
Fa   Bo   Pfer   Ban

Laden, reden, finden, baden, Boden, Faden,
Stunde, Ende, Erde, Wende, Bande, Pferde

④ Mache nach jedem Wort einen Strich.
Schreibe die Unsinnssätze.

Drei|Dackel|dackeln|durch|Dresden.

Drei Dackel dackeln durch Dresden.

Dumme|Damen|denken|dumme|Dinge.

Dumme Damen denken dumme Dinge.

Braune|Braunbären|besuchen|blaue|Blauwale.

Braune Braunbären besuchen blaue Blauwale.

24   kontrolliert: ☐   25

---

① Verändere die Tunwörter.

gehen   geben

ich _gehe_   ich _gebe_
du _gehst_   du _gibst_
er _geht_   er _gibt_
wir _gehen_   wir _geben_
ihr _geht_   ihr _gebt_

② Findest du das Gegenteil?
Die Wörter vom Baum helfen dir.

krank _gesund_   klein _groß_
böse _gut_   nehmen _geben_

Aα ③ Löse das Rätsel. Dann umkreise alle
16 Buchstaben, die du großschreiben musst.
Schreibe das Rätsel richtig in dein Heft.

DIESE VÖGEL SIND GROß UND LAUT.
GESICHT UND FEDERN SIND WEIß.
SIE GEHEN GERN, ABER NICHT GUT.
SIE FRESSEN GEMÜSE, GETREIDE UND
GRÜNES GRAS.
IHR LIEBLINGSESSEN SIND DIESE
WEIßEN BLÜMCHEN AUF DER WIESE.
DIE BLUMEN HEIßEN DESHALB AUCH
GÄNSE BLÜMCHEN.   (39 Wörter)

Lösung: Die Vögel heißen _Gänse_.

geben
gehen
gelb
das
Gemüse
das Gesicht
ge·sund
groß
grün
gut

① Welche Anfangsbuchstaben passen? Setze richtig ein:
B/b, D/d, G/g.

die _D_ecke   _G_eige   der _B_är
_g_lücklich   das _G_old   _b_öse
_d_reckig   _g_eheim   _b_ewegen
_d_ürfen   die _D_ose   _g_raben

② Ordne die Wörter vom Baum in die passende Zeile.

Namenwörter:

das _Gemüse_   das _Gesicht_

Tunwörter

wir _geben_   wir _gehen_

Wiewörter _gelb_, _gesund_,
groß, _grün_, _gut_

Was können wir
tun? Ein Tunwort
antwortet uns nun.
Wie ist es?,
fragen wir.
Ein Wiewort
antwortet mir.

③ Diktattext. Wie willst du heute üben?
Umkreise: ✏, Aα, ~, 🐟, 👥
Die Diktatformen sind auf Seite 2 erklärt.

Denke nach!
Es ist ein großes, gutes, gesundes
Gemüse aus dem Garten.
Du findest es am Boden.
Es ist grün, lang und saftig und gut im Salat.

Es ist eine Gurke.   (32 Wörter)

26   kontrolliert: ☐   27

Das Pferd
Tina malt auf schönes Papier ein großes Pferd.
Es steht zwischen grünen Pflanzen und trägt
einen Prinzen. Das Fell ist ganz
schwarz. Tina will so ein Pferd
haben und es gut pflegen.

(34 Wörter)

1 Schreibe den Text ab.
Tipps zum Abschreiben findest du auf Seite 2.

2 Male P/p im Wörterbaum rot an.

3 Halte deine flache Hand vor den Mund und
sprich einmal B und einmal P.
Wie spürst du B und P?

Ich spüre beim P
[x] die Luft stark.
[ ] die Luft weich.

Ich spüre das B
[ ] hart.
[x] weich.

4 Ordne die Wörter vom Baum nach der Anzahl
der Buchstaben in die Kästchen.

p	f	l	a	n	z	e	n		P	a	p	i	e	r

P	f	l	a	n	z	e

P	f	e	r	d

p	f	l	e	g	e	n

das Papier

das Pferd

die Pflanze

pflanzen

pflegen

28

5 Wo spürst du das harte P? Sprich deutlich und schreibe
zu den passenden Bildern P (6).

[P] [ ] [P] [P]

[ ] [P] [P]

[ ] [P] [ ]

6 Wo hörst du Pf/pf: am Anfang, in der Mitte oder am
Schluss? Kreuze an.

[x][ ][ ]   [ ][x][ ]   [ ][ ][x]

[ ][x][ ]   [ ][x][ ]   [ ][ ][x]

7 B/b (5) oder P/p (5)? Sprich deutlich und spüre den
Luftstrom bei P/p. Setze richtig ein und schreibe die
Wörter.

_P_ a p _i_ er   _P_ ause   _B_ echer   _B_ ogen

_B_ auch   _B_ aum   _P_ aket   _B_ uch   _P_ ost

Papier, Pause, Becher, Bogen,

Bauch, Baum, Paket, Buch, Post

---

1 Halte deine flache Hand vor den Mund und sprich
einmal D und ganz hart T. Wie spürst du D und T?

Ich spüre beim T
[x] die Luft stark.
[ ] die Luft weich.

Ich spüre das D
[ ] hart.
[x] weich.

2 Sprich deutlich und schreibe zu den passenden
Bildern T (4).

[T] [ ]

[ ] [T]

[T] [T]

3 Ergänze den Text mit T (6) oder t (3).
Schreibe ihn auf einem Blatt Papier ab.

_T_ ina will nicht _t_ urnen. Sie _t_ rinkt

_T_ ee. Ist sie krank? Das _T_ hermometer

zeigt eine hohe _T_ emperatur an.

Die Mutter _t_ rägt ihre _T_ ochter zum Sofa

und liest ihr aus dem _T_ aschenbuch vor.

(31 Wörter)

die Tasche

der Tee

das Telefon

die Temperatur

das Thermometer

die Tochter

die Torte

tragen

trinken

turnen

30

4 Trage die Wörter vom Baum passend ein.
Verwende Großbuchstaben.

				T						

T A S C H E

T E E

T O C H T E R

M

T E L E F O N

T E M P E R A T U R

T R A G E N

T O R T E

T U R N E N

T R I N K E N

5 t oder d am Silbenanfang.
Setze die Silben richtig zusammen und schreibe die Wörter.

antwor — arbei — re — war
wen — -ten/-den — bin
sen — rei — star — wer — wet

antworten, arbeiten, reden, warten, binden, werden,

wetten, starten, reiten, senden, wenden

Ich spreche P, T, und das K besonders hart und spür es klar.

① Male K/k im Wörterbaum rot an.

② Halte deine flache Hand vor den Mund und sprich einmal G und ganz hart K. Wie spürst du G und K?

Ich spüre beim K
☒ die Luft stark.
☐ die Luft weich.

Ich spüre das G
☐ hart.
☒ weich.

③ Sortiere die Wörter aus dem Wörterbaum.

Namenwörter (5): Käfer, Kalender, Kälte, Kopf, Körper

Tunwörter (1): kaufen

Wiewörter (3): kalt, krank, klein

④ Welche Buchstaben musst du großschreiben (13)? Umkreise sie. Schreibe dann den Text richtig in dein Heft.

DER KALENDER ZEIGT DEN MONAT OKTOBER. ES IST SCHON SEHR KALT. DIE KLEINE TINA SOLL NICHT KRANK WERDEN. MUTTER KAUFT FÜR SIE EINEN ANORAK MIT KAPUZE. DER HÄLT KOPF UND KÖRPER WARM.

(32 Wörter)

Wörterbaum:
der Käfer
der Kalender
kalt
die Kälte
kaufen
klein
der Kopf
der Körper
krank

⑤ Wo spürst du das harte K (4)? Sprich deutlich und schreibe zu den passenden Bildern K.

K   K   [ ]   K   [ ]   K   [ ]

⑥ k oder g am Silbenanfang? Setze richtig zusammen und schreibe die Wörter.

Bei einer Silbe passen beide Möglichkeiten.

sin   stin   blin
schen   -ken/gen   flie
dan   len
bie   win   le   len

schenken, singen, sinken, stinken, blinken, fliegen, lenken, legen, winken, danken, biegen

⑦ Diktattext. Wie willst du heute üben? Umkreise: ✏, Aa, ∿, 👄, 👥, 👤 Die Diktatformen sind auf Seite 2 erklärt.

Tea hat einen roten Kopf.
Ihr Körper ist warm.
Sie ist krank.
Die Mutter gibt der Tochter einen gesunden Saft.
Tea trinkt.
Tina schenkt Tea ein Buch über Pferde. (29 Wörter)

Hör ich nach dem Sch ein t, schreib ich meistens nur St/st.

Sport
Stefan startet los und springt über alle Steine. Dann spielt er zwei Stunden lang Fußball, bis er fast nicht mehr stehen kann. Jetzt ist Stefan hungrig und schafft eine ganze Schale Spagetti mit kleinen Gemüsestiften.

(36 Wörter)

① Schreibe den Text ab. Tipps zum Abschreiben findest du auf Seite 2.

② Die Wörter vom Baum haben etwas gemeinsam. Spure diese Buchstaben in jedem Wort farbig nach. Wie sprichst du die beiden Buchstaben?

Alle Wörter haben die Buchstaben st gemeinsam. So spreche ich sie aus: scht.

③ Welche Wörter vom Baum sind oben im Text versteckt? Male sie im Text grün an und schreibe sie auf.

Stunde, stehen, Stift

④ Welche Wörter bleiben übrig? Schreibe sie auf.

die Stange, der Stängel, staunen, steil

Wörterbaum:
die Stange
der Stängel
staunen
stehen
steil
der Stift
die Stunde

⑤ Male jedes -t nach einer Lücke gelb an. Dann setze ein: Sch (4)/sch (2) oder S (4)/s (3).

der S tift   das Schiff   die Schlange   s türzen
s tehen   die Schürzen
der Schein   die S tange
der S tein   sch ön   s taunen
sch auen   der S tängel

⑥ Schreibe alle Wörter aus Aufgabe 5 mit St/st auf.

Stift, stehen, Stein, Stange, Stängel, stürzen, staunen

⑦ Am Silbenanfang sch oder s? Setze richtig ein. Schreibe die Wörter.

auf s tehen   ab s tellen   der Blei s tift   die Turn s tange
der Blumen s tängel   die Schul s tunde   der Sch af s tall

aufstehen, abstellen, der Bleistift, die Turnstange, der Blumenstängel, die Schulstunde, der Schafstall

① Die Wörter vom Baum haben etwas gemeinsam.
Male diese Buchstaben in jedem Wort rot an.
Wie **sprichst** du die beiden Buchstaben?

Ich spreche ☒ sch-p ☐ s-p

② Streiche durch, was beim Schreiben
verschwindet. Dann schreibe die
Wörter richtig mit Sp oder sp auf.

Hör ich nach dem
sch ein p, schreib
ich meistens nur
Sp/sp.

der Schport
die Schpagetti   der Schpitzer
der Schpinat   schpielen
schpringen
schprechen   schpucken

die Spagetti, der Sport, der Spitzer,
der Spinat, springen, spielen, sprechen,
spucken

die Spagetti
sparen
spielen
der Sport

③ Kreuze an und schreibe die Sätze als Würfeldiktat.
Wie du ein Würfeldiktat schreibst, ist auf Seite 2
erklärt.

	ja	nein	
Ich mag kalte Spagetti.	☐	☐	?
Eine Stunde hat 59 Minuten.	☐	☒	
Das Wort Stängel kommt von Stange.	☒	☐	
Ich stehe sicher auf einem Bein.	☐	☐	?
Papier schneide ich mit dem Stift.	☐	☒	
In der Sportstunde spielen und schlafen wir.	☐	☒	

36

④ Male jedes -p nach der Lücke gelb an.
Setze ein: S (2)/s (3) oder Sch (1)/sch (2).

s pielen   s pucken   sch lucken

sch ielen   s pitzen

der S patz   die Sch ere   die S pagetti

⑤ Schreibe alle Wörter mit Sp/sp aus Aufgabe 4 auf.

spielen, spucken, spitzen,
der Spatz, die Spagetti

⑥ Schreibe Sch (3) oder Sp (4) zu den passenden Bildern.

Sch   Sp   Sch   Sch
Sp   Sp   Sp

⑦ Diktattext. Wie willst du heute üben?
Umkreise: 📖, ✏, 〰, 👁, 👫, 🖊.
Die Diktatformen sind auf Seite 2 erklärt.

Es ist Sportstunde.
Die Kinder schreien, spielen oder springen herum.
Ein Junge steigt an einer Stange steil hoch.
Die Kinder stehen still und staunen.   (24 Wörter)

Zu Fuß
Es ist April. Die Kinder gehen seit einer
Woche wieder zu Fuß zur Schule.
Die frische Frühlingsluft macht rote Ohren.
Zehn Minuten nach acht Uhr kommt Lisa
angesaust.
Unter einem blühenden Busch hat sie
zehn Cent gefunden.   (39 Wörter)

acht
der Busch
der Cent
fahren
frisch
ihnen
Ohr
die Schule
der Sohn
die Tochter
die Woche
zehn

1 Schreibe den Text ab.
Tipps zum Abschreiben findest du auf Seite 2.

2 Sprich diese Selbstlaute einmal besonders
lang und einmal besonders kurz.

Selbstlaute: a   e i o u
a   e i o u

3 Wie wird der markierte Selbstlaut gesprochen?
Lang oder kurz? Kreuze an.
Überlege: f a hren oder f a hren?

	lang	kurz
fahren	☒	☐
acht	☐	☒
zehn	☒	☐
Cent	☐	☒
Woche	☐	☒
Ohr	☒	☐
Schule	☒	☐
Busch	☐	☒

38

4 Langer oder kurzer Selbstlaut?
Sprich laut und ordne die Wörter.

Jahr   sehen   zehn   eng   Cent
Sohn   wohnen   fahren   rot   elf   Wolke
frisch   Stift   Busch

langer Selbstlaut	kurzer Selbstlaut
sehen	eng
Jahr	Cent
zehn	elf
Sohn	frisch
wohnen	Stift
fahren	Busch
rot	Wolke

5 Diktattext. Wie willst du heute üben?
Umkreise: 📖, ✏, 〰, 👁, 👫, 🖊.
Die Diktatformen sind auf Seite 2 erklärt.

Anton geht zu Fuß zur Schule.
Heute zählt er acht, neun, zehn, elf,
zwölf Büsche, die schon blühen!
Welche Früchte werden aus den Blüten?
Rote oder blaue?
Anton will jede Woche nach ihnen sehen.

(34 Wörter)

Sommer

Endlich ist Sommer. Die Sonne brennt vom Himmel. Anna und Tommi kommen immer am Donnerstag und Sonntag ins Schwimmbad. Dort verkauft ein Mann Pommes. Bei Regen bleiben die Kinder zu Hause in ihrem Zimmer.

(35 Wörter)

① Schreibe den Text ab.
Tipps zum Abschreiben findest du auf Seite 2.

② Male alle doppelten Mitlaute in den Wörtern im Wörterbaum rot an.

③ Wird der Selbstlaut vor dem doppelten Mitlaut kurz oder lang gesprochen? Überprüfe bei den Wörtern vom Wörterbaum und setze bei den Selbstlauten das richtige Zeichen ein (‗ oder •).

Vor dem doppelten Mitlaut klingt der Selbstlaut immer ___kurz___.

④ Schreibe das Tunwort in der er-Form daneben und markiere mit ‗ oder •.

können – er _____ kann
rennen – sie _____ rennt
schwimmen – er _____ schwimmt
kommen – sie _____ kommt

Wörterbaum:
der Donnerstag
der Himmel
kommen
können
der Mann
die Pommes
der Sommer
die Sonne
das Zimmer

⑤ Entdecke die Trennregel.
Dann trenne und schreibe in Silben darunter.

kommen · können · Pommes · Sommer · Donner · Männer · Sonne · Zimmer · Himmel

kom-men, kön-nen, Pom-mes, Som-mer, Don-ner,
Män-ner, Son-ne, Zim-mer, Him-mel

⑥ Immer zwei Wörter sind miteinander verwandt.
Sie gehören zur gleichen Wortfamilie.
Färbe die passenden Kästchen in der gleichen Farbe und schreibe die Wörter.

Mannschaft · himmelblau · Zimmer · Himmel · Sonntag · Sommerferien · Sommer · Sonne · Zimmertür · Männer

Mannschaft – Männer, Zimmertür – Zimmer,
himmelblau – Himmel, Sonntag – Sonne,
Sommerferien – Sommer

40

---

① Unterstreiche im Text alle Wörter mit doppeltem Mitlaut und markiere die Selbstlaute davor mit ‗ oder •.

Herr Wagner macht mit seiner Klasse
Versuche. Tom und Mia legen fünf Eiswürfel
in eine Schüssel und stellen sie auf den
Herd. Schnell wird aus dem Eis wieder
flüssiges Wasser.

(30 Wörter)

② Schreibe die unterstrichenen Wörter von Aufgabe 1 in Silben auf.

Herr, Klas-se, Schlüs-sel, stel-len,
schnell, flüs-sig, Was-ser

③ Setze die Silben richtig zusammen.

essen, Wasser,
müssen, Klasse

Silbensäckchen: sen · se · ser · Was · sen · müs · es · Klas

④ Trenne die Wörter mit Strichen und schreibe die Wörter auf.
Schreibe die Namenwörter mit Begleiter.

MÜSSENKLASSEFLÜSSIGWASSERESSEN

müssen, die Klasse, flüssig, das Wasser,
essen/das Essen

Wörterbaum:
essen
flüssig
der Herr
die Klasse
müssen
die Pizza
die Puppe
der Teddy
das Wasser

⑤ In jeder Zeile hat sich ein Wort versteckt. Auch bei diesen Wörtern wird der Selbstlaut kurz gesprochen.
Male ihn im Kasten gelb an und schreibe die Wörter auf.

K	P	I	Z	Z	A	V	O
L	R	S	P	U	P	P	E
M	T	E	D	D	Y	O	B
B	N	H	E	R	R	T	C

Pizza
Puppe
Teddy
Herr

⑥ Ordne die Wörter im Satz und schreibe die Sätze auf.

spielt Anna dem mit Teddy.
Anna spielt mit dem Teddy.

Puppe Die ins fällt Wasser.
Die Puppe fällt ins Wasser.

eine isst Pizza Herr Der.
Der Herr isst eine Pizza.

⑦ Kannst du die Geheimschrift lesen? Trage ein.

T e d d y   K l a s s e   W a s s e r
P i z z a   H e r r   P u p p e

Pizza
Puppe
Teddy
Klasse
Wasser
Herr

42

① Kreise im Text alle Wörter mit doppeltem Mitlaut (14) ein.

Mia will am Mittwoch ihren Geburtstag feiern.
Sie holt schnell einen Füller und einige Blätter
Papier. Auf alle Einladungen malt sie bunte
Schmetterlinge. Mutter meint: „Bei schönem
Wetter könnt ihr Ball spielen. Wenn
ihr wollt, koche ich euch Spagetti."

(39 Wörter)

alle
der Ball
bitten
das Blatt
der Füller
der Mittwoch
die Mutter
der Schmetterling
schnell
die Spagetti
das Wetter
wollen

② Schreibe die eingekreisten Wörter aus Aufgabe 1
in Silben auf. Der Wörterbaum hilft dir.

will, Mitt-woch, schnell, Fül-ler,
Blät-ter, al-le, Schmet-ter-lin-ge,
Mut-ter, Wet-ter, könnt, Ball,
wenn, wollt, Spa-get-ti

③ Bei den folgenden Wörtern sind die Silben
vertauscht. Schreibe sie richtig auf.

lenfal	fallen	lenstel	stellen
tenbit	bitten	lenrol	rollen
lenfül	füllen	lesal	alles

④ Schreibe zu jedem Tunwort die Grundform.

ihr sollt –	sollen	ihr wollt –	wollen
du brüllst –	brüllen	du bittest –	bitten
ich falle –	fallen	er rollt –	rollen

44

⑤ Setze l (2) oder ll (6) ein.

Alle Kinder wollen ein Eis. Mutter füllt es in

eine Schale. Dann stellt sie es auf den Tisch.

Schnell essen die Kinder alles auf.

Zum Dank malen sie Mutter ein schönes Bild.

(32 Wörter)

⑥ Kannst du die Geheimschrift lesen? Trage ein.

bitten   still   fällt   alles   stellen

a	l	l	e	s

s	t	e	l	l	e	n

s	t	i	l	l

b	i	t	t	e	n

f	ä	l	l	t

⑦ Diktattext. Wie willst du heute üben?
Umkreise:
Die Diktatformen sind auf Seite 2 erklärt.

Mia hat Geburtstag.
Mit dem Füller schreibt sie die Einladungen auf
einige Blätter Papier. Dann malt sie noch bunte
Schmetterlinge darauf.
Alle Freunde wollen kommen.
Bei schönem Wetter können sie ins Schwimmbad
gehen und Pommes essen.

(36 Wörter)

kontrolliert: ☐   45

Das Unglück

Susis Wecker klingelt. Nach dem Frühstück
radelt sie über eine Brücke an einer Hecke vorbei.
Plötzlich saust ein Radler um die Ecke. Vor
Schreck stürzt Susi vom Rad. Sie verletzt sich
am Rücken. Zum Glück ist es nicht schlimm.
Nur ihr Rock ist jetzt schmutzig.

(47 Wörter)

① Schreibe den Text ab.
Tipps zum Abschreiben findest du auf Seite 2.

② Male alle ck (10) im Text oben grün an.

③ Markiere den Selbstlaut/Umlaut vor dem ck:
— oder .

Den Selbstlaut/Umlaut vor dem ck spreche ich

immer   kurz   .

④ Suche das verwandte Wort im Text.

Unglücksrabe –	Unglück
frühstücken –	Frühstück
Radiowecker –	Wecker
erschrecken –	Schreck
eckig –	Ecke
Buchrücken –	Rücken

die Hecke
der Rock
der Rücken
der Zucker

Das ck ist
ein Paar -
unzertrennlich
Jahr für Jahr.

⑤ Schreibe die Wörter aus dem Wörterbaum
in Silben auf.

Rü-cken, He-cke,
Zu-cker, Rock

⑥ Schreibe zu jedem Rätsel das passende ck-Wort.

Was schmeckt süß?   der   Zucker

Wohin bauen Vögel Nester?   in die   Hecke

Was ziehen Mädchen manchmal an?   einen   Rock

Wo trägst du den Rucksack?   auf dem   Rücken

⑦ Wähle das richtige Wort aus.
Schreibe den vollständigen Satz auf.

Viele Büsche nebeneinander nennt man ...   Hecke/Hacke.
Manche Mädchen tragen gerne ...   Röcke/Stöcke.
Bei Pferden setzt man sich auf den ...   Deckel/Rücken.
In den Kaffee gebe ich zwei Stücke ...   Socken/Zucker.

Viele Büsche nebeneinander nennt man Hecke.

Manche Mädchen tragen gerne Röcke.

Bei Pferden setzt man sich auf den Rücken.

In den Kaffee gebe ich zwei Stücke Zucker.

46

kontrolliert: ☐   47

① Unterstreiche alle Wörter mit tz rot und alle Wörter mit z grün.

Meine Katze ist ganz schwarz, nur die Spitze ihres Schwanzes ist weiß. Ihr Platz ist in der Küche. Hier sitzt sie oft und spielt mit einer Maus aus Holz. Manchmal macht sie einen Satz und hetzt durch das Haus. (39 Wörter)

Nach l, n, r – das merk dir ja – kommt nie tz und nie ck!

② Schreibe alle **Namen**wörter mit z und tz aus dem Text auf und setze sie in die Mehrzahl.

Einzahl	Mehrzahl
die Katze	die Katzen
die Spitze	die Spitzen
der Schwanz	die Schwänze
der Platz	die Plätze
das Holz	die Hölzer
der Satz	die Sätze

das Holz

die Katze

der Platz

der Schwanz

schwarz

sitzen

③ Zaubere neue Wörter. Füge je einen Mitlaut hinzu.

Spitze	Satz
Spritze	Spatz
sitzen	Latz
spitzen	Platz

Bei dieser Aufgabe brauchst du: 2 × p, 1 × P

④ Kannst du die Fragen beantworten? Der Text von Aufgabe 1 hilft dir.

Welches Tier ist schwarz? Die Katze.

Welcher Teil des Tieres ist weiß? Die Spitze ihres Schwanzes.

Was ist in der Küche? Ihr Platz.

Manchmal ist sie munter. Was tut sie dann? Sie macht einen Satz und hetzt durch das Haus.

⑤ Diktattext. Wie willst du heute üben? Umkreise: . Die Diktatformen sind auf Seite 2 erklärt.

Der Wecker klingelt.
Das Frühstück ist fertig.
Die Katze sucht sich einen warmen Platz.
Sie legt sich auf Susis Rock.
Plötzlich macht die Katze einen Satz und hetzt hinaus.
Sie flitzt um die Ecke und versteckt sich in der Hecke. (40 Wörter)

48

Was Bienen am Dienstag gerne machen
Bienen fliegen am Dienstag siebenmal auf die Wiese. Diese Tiere lieben es, wenn sie von Herrn Zwiebel, dem Briefträger, vier auf honiggelbem Papier geschriebene Briefe serviert bekommen. (33 Wörter)

vier

sieben

die Biene

das Tier

die Zwiebel

der Brief

die Wiese

der Dienstag

das Papier

 1 Schreibe den Text ab. Tipps zum Abschreiben findest du auf Seite 2.

2 Wie viele Wörter mit ie findest du im Text (mit Überschrift)? Umkreise sie gelb.

Es sind ___19___ Wörter mit ie.

③ Schreibe auf, was Pepe sieht. Markiere in deinen Sätzen alle ie.

Pepe sieht vier Tiere. Pepe sieht vier Bienen.
Pepe sieht sieben Zwiebeln.
Pepe sieht vier Briefe.

④ Schreibe alle Namenwörter aus dem Wörterbaum nach dem ABC geordnet mit ihrem Begleiter auf.

die Biene, der Brief, der Dienstag, das Papier,
das Tier, die Wiese, die Zwiebel

⑤ Bilde Sätze. Denke an den Satzanfang und das Satzende.

Timo Briefe vier bekommt	Timo bekommt vier Briefe.
Wiese Bienen der sind auf sieben	Auf der Wiese sind sieben Bienen.
Papierflieger bastelt Pepe viele	Pepe bastelt viele Papierflieger.

⑥ Kreise die Bilder ein, in denen du ein langes i hörst. Du schreibst sie mit ie. Schreibe alle Wörter mit Begleiter auf.

Hör ich i besonders lang, hängt sich meist ein e daran: ie.

 die Zwiebel   das Bild

 der Brief   die Pizza

50

Seite 52

⑦ Setze die Tunwörter in die ich-Form und in die er-Form.

Grundform	ich ...	er ...
liegen	liege	liegt
fliegen	fliege	fliegt
lesen	lese	liest
lieben	liebe	liebt

⑧ Male in Aufgabe 7 alle ie gelb an: die gedruckten und die, die du selbst geschrieben hast.
Wie viele sind es?

Es sind ___10___ ie.

⑨ Welches Tunwort in Aufgabe 7 wird nur in der er-Form mit ie geschrieben? Schreibe es hier nochmals auf.

Grundform: ___lesen___

ich-Form: ___ich lese___

er-Form: ___er liest___

Lies genau und höre genau!

fliegen

lesen – liest

lieben

liegen

⑩ Kurzes i oder langes i?
Höre genau und setze ein: i oder ie.

M_i_t der Brille auf der Nase s_ie_ht er aus

w_ie_ ein Osterhase.

Mein Fl_ie_ger fl_ie_gt leider gar n_i_cht weit.

Hat T_i_m einen Br_ie_f geschr_ie_ben?

Ich l_ie_be d_ie_ P_i_zza, die du mir serv_ie_rt hast!

52

Seite 53

⑪ ie-Rätsel. Welche Wörter passen?

```
            B R I E F
         V I E R
            Z W I E B E L
            L I E B E
            F L I E G E
10
Di  D I E N S T A G
            R
            Ä
         L I E G E
      S I E B E N
            R
```

⑫ Diktattext. Wie willst du heute üben?
Umkreise: ✏, A̶, ～, ◗, 👣, ✎.
Die Diktatformen sind auf Seite 2 erklärt.

Ich liebe alle Tiere.
Am Dienstag hat unsere Katze sieben Junge bekommen.
Sie liegen eng bei der Mutter.
Auch Bienen habe ich lieb.
Sie fliegen oft zu unserer Wiese und besuchen die Blumen.
Das ist die Arbeit der Bienen.

(39 Wörter)

kontrolliert: ☐ 53

Seite 54

Es ist kalt
Im Monat September ist es am <u>Abend</u> schon oft sehr kalt.
Der <u>Wind</u> weht über das Feld.
Das <u>Kind</u> geht mit dem <u>Hund</u> spazieren.
Es hat nur ein <u>Kleid</u> an und friert.

(35 Wörter)

① Schreibe den Text ab.
Tipps zum Abschreiben findest du auf Seite 2. ☆

② Welche Wörter aus dem Wörterbaum findest du im Text? Unterstreiche sie.

③ Was haben die unterstrichenen Wörter gemeinsam?

___Sie enden auf –d.___

④ d oder t? Setze richtig ein. Die Mehrzahl hilft dir.

Das Klei_?_   die __Kleider__   → das Klei_d_

Das Fel_?_   die __Felder__   → das Fel_d_

Der Saf_?_   die __Säfte__   → der Saf_t_

Der Aben_?_   die __Abende__   → der Aben_d_

Das Bil_?_   die __Bilder__   → das Bil_d_

der Abend

die Bank

das Bild

das Feld

das Geld

die Hand

der Hund

das Kind

das Kleid

der Mund

▼

der Schrank

der Wind

54

⑤ Bilde wieder die Mehrzahl und höre genau. Dann kannst du sicher bestimmen, ob g oder k am Wortende steht.

→ __Bänke__   → Ban_k_

→ __Wege__   → We_g_

→ __Züge__   → Zu_g_

→ __Schränke__   → Schran_k_

→ __Könige__   → Köni_g_

Wenn du die Wörter in die Mehrzahl setzt, kannst du das weiche g hören.

⑥ Setze passende Wörter aus dem Wörterbaum ein.

Der __Wind__ weht die Wolken weg.

Kannst du mir __Geld__ für ein Eis geben?

Ich bin müde und setze mich auf die __Bank__.

Ich hänge das __Bild__ an die Wand.

Mit der __Hand__ steckt das __Kind__ die Nuss in den __Mund__.

Auf dem __Feld__ wächst das Getreide.

⑦ ☆ Übe den Text von Aufgabe 6 als Würfeldiktat.
Wie du ein Würfeldiktat schreibst, ist auf Seite 2 erklärt. ☆

kontrolliert: ☐ 55

⑧ Im Wörterbaum findest du Namenwörter und Wiewörter. Unterstreiche die Wiewörter.

⑨ Wie kannst du diese Wiewörter verlängern?

Die Dame ist al **t**. → die __alte__ Dame

Das Auto ist lau **t**. → das __laute__ Auto

Die Nuss ist har **t**. → die __harte__ Nuss

Das Kleid ist wei **t**. → das __weite__ Kleid

Der Schnee ist kal **t**. → der __kalte__ Schnee

⑩ Die Namenwörter aus dem Wörterbaum kannst du selbst verlängern.

der Stift	–	__die Stifte__
das Gesicht	–	__die Gesichter__
das Licht	–	__die Lichter__
die Frucht	–	__die Früchte__
der Ast	–	__die Äste__
das Brot	–	__die Brote__
die Nacht	–	__die Nächte__
der Saft	–	__die Säfte__
der Monat	–	__die Monate__
die Zeit	–	__die Zeiten__

Wörterbaum: alt / der Ast / das Brot / die Frucht / das Gesicht / hart / kalt / laut / das Licht / der Monat / die Nacht / der Saft / der Stift / weit / die Zeit

⑪ Nun bist du ein Experte. Fülle die Lücken.

Am Aben **d** wird das Lich **t** immer weniger.

Diese Ban **k** ist mir zu har **t**.

Auf dem Bil **d** habe ich mit dem roten Stif **t** gemalt.

Hast du genug Gel **d** für dieses Klei **d**?

Ich kenne das Kin **d** nicht.

Welcher Ta **g** ist heute? Heute ist Samsta **g**.

Sie hat sich den Mun **d** mit Lippenstif **t** angemalt.

Papa, woher kommt das Bro **t**?

Wächst es auf dem Fel **d**?

Dieser Saf **t** ist mir zu kal **t**.

Diese Fruch **t** mag ich nicht. Sie ist schon al **t**.

Die Uhr zeigt die Zei **t** an.

Schau mal, der Hun **d** hat so ein nettes Gesich **t**.

> Verlängere die Wörter und horche genau. Erst dann weißt du sicher, welchen Buchstaben du einsetzen musst.

⑫ Diktattext. Wie willst du heute üben?
Umkreise:
Die Diktatformen sind auf Seite 2 erklärt.

Jeden Tag gehe ich mit
unserem Hund Gassi.
Der Wind weht über das Feld.
Wir gehen heute einen neuen Weg.
Bei der Bank darf mein Hund trinken.
Am Abend müssen wir zu Hause sein.

(34 Wörter)

Mehrzahlbildung und Verkleinerung

Was frisst das Kälbchen?
Der kleine Junge schaut dem Kälbchen zu.
Das Kalb steht Tag und Nacht auf der Wiese
und frisst Gras.
„Können Kälber keine Brötchen fressen?", fragt er.
Da lacht die Mutter:
„Kälber sind keine Mäuse, die gerne
Brot anknabbern."

(42 Wörter)

① Schreibe den Text ab.
Tipps zum Abschreiben findest du auf Seite 2.

② Du bist ein Zauberer.
Zaubere aus den Wörtern die Mehrzahl.

Gräs**er**   Mäus**e**

Äste   Zähn**e**

Sträuch**er**   Nächt**e**

> Bilde ich die Mehrzahl, wird oft aus einem a ein ä und aus au ein äu.

③ Schreibe aus dem Text oben alle Namenwörter heraus, die in der Mehrzahl stehen.

__die Kälber, die Brötchen,__

__die Mäuse__

Baum: der Ast / das Gras / die Maus / die Nacht / der Strauch / der Zahn

④ Hier darfst du die Dinge klein machen.
Schreibe mit Begleiter auf.

Beispiel:

> „chen" und „lein" machen die Dinge klein.

der Ast – das Ästchen

Haus		__das Haus – das Häuschen__
Brot		__das Brot – das Brötchen__
Maus		__die Maus – das Mäuschen__
Zahn		__der Zahn – das Zähnchen__
Blatt		__das Blatt – das Blättchen__
Mann		__der Mann – das Männchen__
Hand		__die Hand – das Händchen__
Puppe		__die Puppe – das Püppchen__
Taube		__die Taube – das Täubchen__

⑤ Male die Umlaute in der Verkleinerung gelb an.
Was ändert sich?

Aus a wird ___ä___, aus au wird ___äu___.

⑥ Ordne die Wörter im grünen Kasten in die richtige Kiste!

Brot	Mäuse	Kühe	Nacht	Zahn
Mutter	Zähne	Maus	Äste	Gras
Strauch	Nächte	Brote		Kälbchen
Kalb	Ast	Sträucher	Mütter	
Brötchen	Kuh	Mäuslein	Gräser	

der Ast

das Gras

die Kuh

die Maus

die Nacht

der Strauch

der Zahn

Einzahl
Brot, Strauch, Kalb, Ast, Kuh, Kälbchen, Nacht, Zahn, Mutter, Maus, Gras, Brötchen, Mäuslein

Mehrzahl
Mäuse, Kühe, Zähne, Äste, Nächte, Brote, Gräser, Sträucher, Mütter, Kälbchen, Brötchen, Mäuslein

Verkleinerung
Mäuslein, Kälbchen, Brötchen

⚡! ⑦ Kannst du es erklären?

Warum schreibt man Häuser mit äu?
Weil man Haus mit au schreibt.

Warum schreibt man Nächte mit ä?
Weil man Nacht mit a schreibt.

Warum schreibt man Blättchen mit ä?
Weil man Blatt mit a schreibt.

Warum schreibt man Zähne mit ä?
Weil man Zahn mit a schreibt.

Warum schreibt man Sträucher mit äu?
Weil man Strauch mit au schreibt.

⑧ Diktattext. Wie willst du heute üben?
Umkreise: 📖, ✏, 〰, 🖊, 👥, 🖌
Die Diktatformen sind auf Seite 2 erklärt.

Hast du die Kälbchen gesehen?
Sie fressen Blätter von den Ästen.
In der Nacht huschen die Mäuschen in die Häuser.
Sie wollen keine Gräser, sie wollen Würstchen und Brötchen.
Mit den kleinen Zähnchen fressen sie schnell.

(36 Wörter)

Merkwörter

Im Winter
Lisas Vater arbeitet beim Winterdienst.
Wenn der erste Schnee fällt, streut er Salz.
So wird der Verkehr nicht behindert.
Im Park füttert er in der Pause die Vögel
mit Vogelfutter.
Bei der Arbeit ist ihm oft kalt,
deshalb hat er Tee dabei.

(44 Wörter)

✏ ⭐ 1 Schreibe den Text ab.
Tipps zum Abschreiben findest du auf Seite 2. ⭐

② Schreibe die Wörter mit V auf!

V
- ater → _Vater_
- erkehr → _Verkehr_
- ogel → _Vogel_

③ Setze das Tunwort versuchen in der richtigen Form ein.

Die Plätzchen sehen lecker aus.

Lisa _____versucht_____ eins davon.

Ich kann nicht so gut Sterne basteln.

Trotzdem _____versuche_____ ich es.

Gestern hatten wir einen großen Streit.

_____Versuchen_____ wir, uns zu vertragen?

der Vater
der Verkehr
der Vogel
versuchen
vier
die Hexe
das Lexikon
quaken
das Quadrat
der Mai

④ Füge die Wörter vom Baum passend in die Lücken.

Die _H e x e_ liest in ihrem _L e x i k o n_.

Der Frosch _q u a k t_ und hüpft in den See.

Im _M a i_ blühen viele Blumen.

Ein _Q u a d r a t_ hat vier Ecken.

(24 Wörter)

⑤ Schreibe die Sätze als Würfeldiktat.
Wie du ein Würfeldiktat schreibst, ist auf Seite 2 erklärt.

🎲 Was die kleine Hexe alles zaubert!
🎲 Vater quakt ein Lied.
🎲 Im Mai fällt grüner Schnee.
🎲 Der Vogel liest im Lexikon.
🎲 Der Frosch versucht zu sprechen.
🎲 Der Verkehr fährt im Quadrat.

⑥ Finde die Wörter in der Wörterschlange.
Trenne sie mit Strichen ab und schreibe die Wörter nach dem ABC geordnet auf.

Hexe, Lexikon, Mai, Quadrat, quaken, Vater,
Verkehr, versuchen, vier, Vogel

MANOGELHEXEVERKEHRQUADRATVATERQUAKENVIERVERSUCHENLEXIKON

⑦ Schreibe die Wörter vom Baum richtig auf.
Male die doppelten Selbstlaute gelb an.

_____ Haare _____   Schnee   _____ Tee _____

⑧ Reime.

Jahre reimt sich doch auch!

Tee   Haare

Schnee _____   Paare _____

Klee _____

🔔❗⑨ Warum schreiben wir Jahre nicht zu Aufgabe 8?

Weil man Jahre mit h schreibt. _____

⑩ Diktattext. Wie willst du heute üben?
Umkreise: ✏️, 🖊️, 〰️, �👁️, 👫, 🖌️.
Die Diktatformen sind auf Seite 2 erklärt.

das Haar

der Schnee

der Tee

Im Mai ist es schön.
Die Frösche quaken.
Die Vögel fliegen.
Der Vater trinkt Tee im Garten und liest im
Lexikon.
Nur die Hexe rauft sich die Haare.
Sie versucht Schnee zu zaubern.
Zum Glück zaubert sie nur Klee.   (39 Wörter)

kontrolliert: ☐

5 Wo spürst du das harte K (4)?
Sprich deutlich und schreibe zu den passenden Bildern K.

6 k oder g am Silbenanfang? Setze richtig zusammen und schreibe die Wörter.

Bei einer Silbe passen beide Möglichkeiten.

sin   stin   blin

schen   flie

-ken/gen

dan   len

bie   win   le

_____

_____

_____

7 Diktattext. Wie willst du heute üben?
Umkreise: ✐, 𝒜a, ∿, 👄, 👥, 🖌.
Die Diktatformen sind auf Seite 2 erklärt.

> Tea hat einen roten Kopf.
> Ihr Körper ist warm.
> Sie ist krank.
> Die Mutter gibt der Tochter einen gesunden Saft.
> Tea trinkt.
> Tina schenkt Tea ein Buch über Pferde.   (29 Wörter)

Hör ich nach dem Sch ein t, schreib ich meistens nur St/st.

Sport

Stefan startet los und springt über alle Steine. Dann spielt er zwei Stunden lang Fußball, bis er fast nicht mehr stehen kann.
Jetzt ist Stefan hungrig und schafft eine ganze Schale Spagetti mit kleinen Gemüsestiften.

(36 Wörter)

die Stange
der Stänge

1 Schreibe den Text ab.
Tipps zum Abschreiben findest du auf Seite 2.

staunen

2 Die Wörter vom Baum haben etwas gemeinsam. Spure diese Buchstaben in jedem Wort farbig nach. Wie sprichst du die beiden Buchstaben?

stehen

steil

Alle Wörter haben die Buchstaben ＿＿＿

gemeinsam. So spreche ich sie aus: ＿＿＿＿＿＿.

der Stift

3 Welche Wörter vom Baum sind oben im Text versteckt?
Male sie im Text grün an und schreibe sie auf.

die Stunde

＿＿＿＿＿＿＿＿＿＿＿＿＿＿＿＿＿＿＿

4 Welche Wörter bleiben übrig? Schreibe sie auf.

＿＿＿＿＿＿＿＿＿＿＿＿＿＿＿＿＿＿＿

＿＿＿＿＿＿＿＿＿＿＿＿＿＿＿＿＿＿＿

5 Male jedes -t nach einer Lücke gelb an. Dann setze ein: Sch (4)/sch (2) oder S (4)/s (3).

der __S__ tift

das ____iff

die ____lange

____türzen

____tehen

die ____ürzen

der ____ein

die ____tange

der ____tein

____ön

____taunen

____auen

der ____tängel

6 Schreibe alle Wörter aus Aufgabe 5 mit St/st auf.

_____

_____

7 Am Silbenanfang sch oder s? Setze richtig ein. Schreibe die Wörter.

auf____tehen

ab____tellen

der Blei____tift

die Turn____tange

der Blumen____tängel

die ____ul____tunde

der ____af____tall

_____

_____

_____

?! ① Die Wörter vom Baum haben etwas gemeinsam.
Male diese Buchstaben in jedem Wort rot an.
Wie **sprichst** du die beiden Buchstaben?

Ich spreche ☐ sch-p ☐ s-p

② Streiche durch, was beim Schreiben
verschwindet. Dann schreibe die
Wörter richtig mit Sp oder sp auf.

> Hör ich nach dem sch ein p, schreib ich meistens nur Sp/sp.

der Sch̶port

die Schpagetti

der Schpitzer

der Schpinat

schpielen

schpringen

schprechen

schpucken

die Spagetti

sparen

spielen

der Sport

_____

_____

_____

③ Kreuze an und schreibe die Sätze als Würfeldiktat.
Wie du ein Würfeldiktat schreibst, ist auf Seite 2
erklärt.

	ja	nein
Ich mag kalte Spagetti.	☐	☐
Eine Stunde hat 59 Minuten.	☐	☐
Das Wort Stängel kommt von Stange.	☐	☐
Ich stehe sicher auf einem Bein.	☐	☐
Papier schneide ich mit dem Stift.	☐	☐
In der Sportstunde spielen und schlafen wir.	☐	☐

4 Male jedes -p nach der Lücke gelb an.
Setze ein: S (2)/s (3) oder Sch (1)/sch (2).

____pielen

____pucken

____lucken

____ielen

____pitzen

der ____patz

die ____ere

die ____pagetti

5 Schreibe alle Wörter mit Sp/sp aus Aufgabe 4 auf.

_____

_____

 6 Schreibe Sch (3) oder Sp (4) zu den passenden Bildern.

 ☐   ☐   ☐   ☐

 ☐   ☐   ☐

 7 Diktattext. Wie willst du heute üben?
Umkreise: ✏️, Aa, ∿, 👄, 👫, 🪶.
Die Diktatformen sind auf Seite 2 erklärt.

Es ist Sportstunde.
Die Kinder schreien, spielen oder springen herum.
Ein Junge steigt an einer Stange steil hoch.
Die Kinder stehen still und staunen.   (24 Wörter)

Zu Fuß

Es ist April. Die Kinder gehen seit einer
Woche wieder zu Fuß zur Schule.
Die frische Frühlingsluft macht rote Ohren.
Zehn Minuten nach acht Uhr kommt Lisa
angesaust.
Unter einem blühenden Busch hat sie
zehn Cent gefunden.   (39 Wörter)

acht

der
Busch

der Cent

fahren

1 Schreibe den Text ab.
Tipps zum Abschreiben findest du auf Seite 2.

frisch

ihnen

2 Sprich diese Selbstlaute einmal besonders
lang und einmal besonders kurz.

Ohr

Selbstlaute: | a | | e | i | o | u |
| a | | e̲ | i̲ | o̲ | u̲ |

die Schu̲le

der So̲hn

3 Wie wird der markierte Selbstlaut gesprochen?
Lang oder kurz? Kreuze an.
Überlege: f a hren oder f a hren?

die Tochter

die Wo̲che

	lang	kurz
fahren	☒	☐
acht	☐	☐
zehn	☐	☐
Cent	☐	☐
Woche	☐	☐
Ohr	☐	☐
Schule	☐	☐
Busch	☐	☐

zehn

4 Langer oder kurzer Selbstlaut?
Sprich laut und ordne die Wörter.

Jahr
sehen
eng
zehn
Cent
Sohn wohnen
fahren
rot
elf Wolke
frisch Stift
Busch

langer Selbstlaut	kurzer Selbstlaut
sehen	eng

5 Diktattext. Wie willst du heute üben?
Umkreise: .
Die Diktatformen sind auf Seite 2 erklärt.

Anton geht zu Fuß zur Schule.
Heute zählt er acht, neun, zehn, elf,
zwölf Büsche, die schon blühen!
Welche Früchte werden aus den Blüten?
Rote oder blaue?
Anton will jede Woche nach ihnen sehen.

(34 Wörter)

Sommer
Endlich ist Sommer. Die Sonne brennt vom
Himmel. Anna und Tommi kommen immer am
Donnerstag und Sonntag ins Schwimmbad.
Dort verkauft ein Mann Pommes.
Bei Regen bleiben die Kinder zu Hause in
ihrem Zimmer.   (35 Wörter)

1 Schreibe den Text ab.
Tipps zum Abschreiben findest du auf Seite 2.

der Donnersta

der Himme

2 Male alle doppelten Mitlaute in
den Wörtern im Wörterbaum rot an.

kommen

können

3 Wird der Selbstlaut vor dem doppelten Mitlaut
kurz oder lang gesprochen? Überprüfe bei
den Wörtern vom Wörterbaum und setze
bei den Selbstlauten das richtige Zeichen ein
(— oder •).

der Mann

die Pommes

Vor dem doppelten Mitlaut
klingt der Selbstlaut immer _____ .

der Sommer

4 Schreibe das Tunwort in der er-Form daneben
und markiere mit — oder •.

die Sonne

können – er _____ kann _____

rennen – sie _____

schwimmen – er _____

das Zimmer

kommen – sie _____

40

5 Entdecke die Trennregel.
Dann trenne und schreibe in Silben darunter.

kom**men**   kön**nen**   Pom**mes**

Som**mer**   Donner   Männer

Sonne   Zimmer   Himmel

kom-men, _____

_____

_____

6 Immer zwei Wörter sind miteinander verwandt.
Sie gehören zur gleichen Wortfamilie.
Färbe die passenden Kästchen in der gleichen Farbe
und schreibe die Wörter.

Mannschaft   himmelblau   Zimmer

Himmel   Sonntag   Sommerferien

Sommer   Sonne   Zimmertür   Männer

Mannschaft – Männer, _____

_____

_____

_____

(1) Unterstreiche im Text alle Wörter mit doppeltem Mitlaut und markiere die Selbstlaute davor mit — oder •.

> Herr Wagner macht mit seiner Klasse
> Versuche. Tom und Mia legen fünf Eiswürfel
> in eine Schüssel und stellen sie auf den
> Herd. Schnell wird aus dem Eis wieder
> flüssiges Wasser.
>
> (30 Wörter)

(2) Schreibe die unterstrichenen Wörter von Aufgabe 1 in Silben auf.

_____

_____

(3) Setze die Silben richtig zusammen.

_____

_____

_____

sen se ser
Was sen müs
es Klas

(4) Trenne die Wörter mit Strichen und schreibe die Wörter auf.
Schreibe die Namenwörter mit Begleiter.

MÜSSENKLASSEFLÜSSIGWASSERESSEN

_____

_____

essen

flüssig

der Herr

die Klass

müssen

die Pizza

die Puppe

der Teddy

das Wasse

5 In jeder Zeile hat sich ein Wort versteckt. Auch bei diesen
Wörtern wird der Selbstlaut kurz gesprochen.
Male ihn im Kasten gelb an und schreibe die Wörter auf.

K	P	I	Z	Z	A	V	O
L	R	S	P	U	P	P	E
M	T	E	D	D	Y	O	B
B	N	H	E	R	R	T	C

_____

_____

_____

_____

6 Ordne die Wörter im Satz und schreibe die Sätze auf.

 spielt Anna dem mit Teddy.

_____

 Puppe Die ins fällt Wasser.

_____

 eine isst Pizza Herr Der.

_____

7 Kannst du die Geheimschrift lesen? Trage ein.

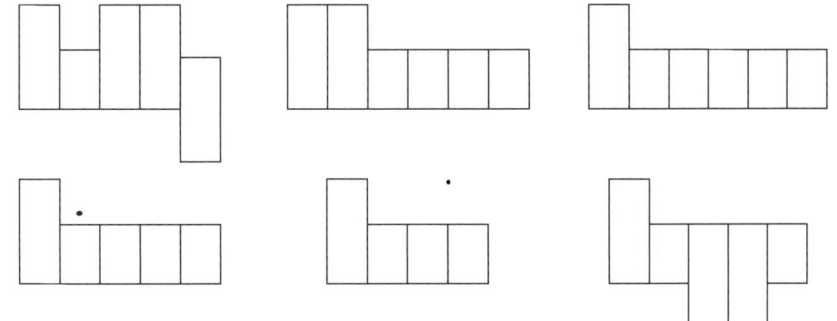

Pizza
Puppe
Teddy
Klasse
Wasser
Herr

kontrolliert: ☐   43

1 Kreise im Text alle Wörter mit doppeltem Mitlaut (14) ein.

Mia will am Mittwoch ihren Geburtstag feiern. Sie holt schnell einen Füller und einige Blätter Papier. Auf alle Einladungen malt sie bunte Schmetterlinge. Mutter meint: „Bei schönem Wetter könnt ihr Ball spielen. Wenn ihr wollt, koche ich euch Spagetti."

(39 Wörter)

2 Schreibe die eingekreisten Wörter aus Aufgabe 1 in Silben auf. Der Wörterbaum hilft dir.

_____

_____

_____

_____

3 Bei den folgenden Wörtern sind die Silben vertauscht. Schreibe sie richtig auf.

lenfal _____   lenstel _____

tenbit _____   lenrol _____

lenfül _____   lesal _____

4 Schreibe zu jedem Tunwort die Grundform.

ihr sollt – _____   ihr wollt – _____

du brüllst – _____   du bittest – _____

ich falle – _____   er rollt – _____

alle

der Ball

bitten

das Blatt

der Füller

der Mittwoch

die Mutter

der Schmetterlin

schnell

die Spagetti

das Wetter

wollen

44

5 Setze l (2) oder ll (6) ein.

A___e Kinder wo___en ein Eis. Mutter fü___t es in

eine Scha___e. Dann ste___t sie es auf den Tisch.

Schne___ essen die Kinder a___es auf.

Zum Dank ma___en sie Mutter ein schönes Bild.

(32 Wörter)

6 Kannst du die Geheimschrift lesen? Trage ein.

bitten   still   fällt   alles   stellen

          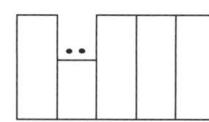

7 Diktattext. Wie willst du heute üben?
Umkreise: .
Die Diktatformen sind auf Seite 2 erklärt.

Mia hat Geburtstag.
Mit dem Füller schreibt sie die Einladungen auf
einige Blätter Papier. Dann malt sie noch bunte
Schmetterlinge darauf.
Alle Freunde wollen kommen.
Bei schönem Wetter können sie ins Schwimmbad
gehen und Pommes essen.

(36 Wörter)

Das Unglück

Susis Wecker klingelt. Nach dem Frühstück radelt sie über eine Brücke an einer Hecke vorbei. Plötzlich saust ein Radler um die Ecke. Vor Schreck stürzt Susi vom Rad. Sie verletzt sich am Rücken. Zum Glück ist es nicht schlimm. Nur ihr Rock ist jetzt schmutzig.

(47 Wörter)

1 Schreibe den Text ab.
Tipps zum Abschreiben findest du auf Seite 2.

2 Male alle ck (10) im Text oben grün an.

3 Markiere den Selbstlaut/Umlaut vor dem ck:
▬ oder ●.

Den Selbstlaut/Umlaut vor dem ck spreche ich

immer _____.

4 Suche das verwandte Wort im Text.

Unglücksrabe – _____Unglück_____

frühstücken – _____

Radiowecker – _____

erschrecken – _____

eckig – _____

Buchrücken – _____

die Hecke

der Rock

der Rücken

der Zucker

5 Schreibe die Wörter aus dem Wörterbaum in Silben auf.

_____

_____

6 Schreibe zu jedem Rätsel das passende ck-Wort.

Was schmeckt süß?   der _____

Wohin bauen Vögel Nester?   in die _____

Was ziehen Mädchen manchmal an?   einen _____

Wo trägst du den Rucksack?   auf dem _____

7 Wähle das richtige Wort aus.
Schreibe den vollständigen Satz auf.

Viele Büsche nebeneinander nennt man …   Hecke/Hacke.
Manche Mädchen tragen gerne …   Röcke/Stöcke.
Bei Pferden setzt man sich auf den …   Deckel/Rücken.
In den Kaffee gebe ich zwei Stücke …   Socken/Zucker.

_____

_____

_____

_____

_____

① Unterstreiche alle Wörter mit tz rot und alle Wörter mit z grün.

Meine Katze ist ganz schwarz, nur die Spitze ihres Schwanzes ist weiß. Ihr Platz ist in der Küche. Hier sitzt sie oft und spielt mit einer Maus aus Holz. Manchmal macht sie einen Satz und hetzt durch das Haus. (39 Wörter)

Nach l, n, r - das merk dir ja - kommt nie tz und nie ck!

② Schreibe alle **Namen**wörter mit z und tz aus dem Text auf und setze sie in die Mehrzahl.

Einzahl	Mehrzahl

das Holz

die Katze

der Platz

der Schwan

schwarz

sitzen

3 Zaubere neue Wörter. Füge je einen Mitlaut hinzu.

Spitze   Satz

Spritze   _____

sitzen   Latz

_____   _____

Bei dieser Aufgabe brauchst du: 2×p, 1×P

4 Kannst du die Fragen beantworten?
Der Text von Aufgabe 1 hilft dir.

Welches Tier ist schwarz? _____

Welcher Teil des Tieres ist weiß? _____

_____

Was ist in der Küche? _____

Manchmal ist sie munter. Was tut sie dann? _____

_____

5 Diktattext. Wie willst du heute üben?
Umkreise: .
Die Diktatformen sind auf Seite 2 erklärt.

Der Wecker klingelt.
Das Frühstück ist fertig.
Die Katze sucht sich einen warmen Platz.
Sie legt sich auf Susis Rock.
Plötzlich macht die Katze einen Satz und hetzt hinaus.
Sie flitzt um die Ecke und versteckt sich in der Hecke.

(40 Wörter)

Was Bienen am Dienstag gerne machen
Bienen fliegen am Dienstag siebenmal auf
die Wiese. Diese Tiere lieben es, wenn sie
von Herrn Zwiebel, dem Briefträger, vier auf
honiggelbem Papier geschriebene Briefe
serviert bekommen.   (33 Wörter)

1 Schreibe den Text ab.
Tipps zum Abschreiben findest du auf Seite 2.

2 Wie viele Wörter mit ie findest du im Text
(mit Überschrift)? Umkreise sie gelb.

Es sind _____ Wörter mit ie.

3 Schreibe auf, was Pepe sieht. Markiere in
deinen Sätzen alle ie.

Pepe sieht vier Tiere. Pepe _____

_____

_____

_____

vier

sieben

die Biene

das Tier

die Zwiebel

der Brief

die Wiese

der Dienstag

das Papier

4 Schreibe alle Namenwörter aus dem Wörterbaum nach dem ABC geordnet mit ihrem Begleiter auf.

_____

_____

_____

5 Bilde Sätze.
Denke an den Satzanfang und das Satzende.

Timo Briefe
vier bekommt

_____

_____

Wiese Bienen der
sind auf sieben

_____

_____

Papierflieger bastelt
Pepe viele

_____

_____

6 Kreise die Bilder ein, in denen du ein langes i hörst. Du schreibst sie mit ie. Schreibe alle Wörter mit Begleiter auf.

Hör ich i besonders lang, hängt sich meist ein e daran: ie.

_____

_____

_____

_____

7 Setze die Tunwörter in die ich-Form und in die er-Form.

Grundform	ich …	er …
liegen		
fliegen		
lesen		
lieben		

8 Male in Aufgabe **7** alle ie gelb an: die gedruckten und die, die du selbst geschrieben hast.
Wie viele sind es?

Es sind _____ ie.

 9 Welches Tunwort in Aufgabe **7** wird nur in der er-Form mit ie geschrieben? Schreibe es hier nochmals auf.

Grundform: _____

ich-Form: _____

er-Form: _____

> Lies genau und höre genau!

10 Kurzes i oder langes i?
Höre genau und setze ein: i oder ie.

M_i_t der Brille auf der Nase s___ht er aus

w___ ein Osterhase.

Mein Fl___ger fl___gt leider gar n___cht weit.

Hat T___m einen Br___f geschr___ben?

Ich l___be d___ P___zza, die du mir serv___rt hast!

fliegen

lesen –
liest

lieben

liegen

52

11 ie-Rätsel. Welche Wörter passen?

(crossword with vertical word)

B
R
I
E
F
T
R
Ä
G
E
R

12 Diktattext. Wie willst du heute üben?
Umkreise: ✏️, Aa, 〰️, 👄, 👫, 🧑.
Die Diktatformen sind auf Seite 2 erklärt.

Ich liebe alle Tiere.
Am Dienstag hat unsere Katze sieben Junge
bekommen.
Sie liegen eng bei der Mutter.
Auch Bienen habe ich lieb.
Sie fliegen oft zu unserer Wiese und besuchen
die Blumen.
Das ist die Arbeit der Bienen.

(39 Wörter)

Es ist kalt
Im Monat September ist es am Abend schon
oft sehr kalt.
Der Wind weht über das Feld.
Das Kind geht mit dem Hund spazieren.
Es hat nur ein Kleid an und friert.

(35 Wörter)

der Abend

die Bank

das Bild

das Feld

das Geld

die Hand

der Hund

das Kind

das Kleid

der Mund

der Schrank

der Wind

  1 Schreibe den Text ab.
Tipps zum Abschreiben findest du auf Seite 2.

2 Welche Wörter aus dem Wörterbaum findest du
im Text? Unterstreiche sie.

 3 Was haben die unterstrichenen Wörter
gemeinsam?

_____

4 d oder t? Setze richtig ein. Die Mehrzahl hilft dir.

 Das Klei **?**   die _Kleider_   →   das Klei_d_

 Das Fel **?**   die _____   →   das Fel___

 Der Saf **?**   die _____   →   der Saf___

 Der Aben **?** die _____   →   der Aben___

 Das Bil **?**   die _____   →   das Bil___

5 Bilde wieder die Mehrzahl und höre genau. Dann kannst
du sicher bestimmen, ob **g** oder **k** am Wortende steht.

→ _____Bänke_____ → Ban |k|

→ _____ → We | |

→ _____ → Zu | |

→ _____ → Schran | |

→ _____ → Köni | |

Wenn du die Wörter
in die Mehrzahl
setzt, kannst du das
weiche g hören.

6 Setze passende Wörter aus dem Wörterbaum ein.

Der _____ weht die Wolken weg.

Kannst du mir _____ für ein Eis geben?

Ich bin müde und setze mich auf die _____.

Ich hänge das _____ an die Wand.

Mit der _____ steckt das _____ die Nuss

in den _____.

Auf dem _____ wächst das Getreide.

7 Übe den Text von Aufgabe 6 als Würfeldiktat.
Wie du ein Würfeldiktat schreibst, ist auf Seite 2 erklärt.

8 Im Wörterbaum findest du Namenwörter und Wiewörter. Unterstreiche die Wiewörter.

9 Wie kannst du diese Wiewörter verlängern?

Die Dame ist al _t_ . → die ___alte___ Dame

Das Auto ist lau__. → das _____ Auto

Die Nuss ist har__. → die _____ Nuss

Das Kleid ist wei__. → das _____ Kleid

Der Schnee ist kal__. → der _____ Schnee

alt

der Ast

das Brot

die Frucht

das Gesicht

10 Die Namenwörter aus dem Wörterbaum kannst du selbst verlängern.

der Stift   – ___die Stifte___

das Gesicht – _____

das Licht   – _____

die Frucht   – _____

der Ast   – _____

das Brot   – _____

die Nacht   – _____

der Saft   – _____

der Monat   – _____

die Zeit   – _____

hart

kalt

laut

das Licht

der Monat

die Nacht

der Saft

der Stift

weit

die Zeit

11 Nun bist du ein Experte. Fülle die Lücken.

Verlängere die Wörter und horche genau. Erst dann weißt du sicher, welchen Buchstaben du einsetzen musst.

Am Aben__ wird das Lich__ immer weniger.

Diese Ban__ ist mir zu har__.

Auf dem Bil__ habe ich mit dem roten Stif__ gemalt.

Hast du genug Gel__ für dieses Klei__?

Ich kenne das Kin__ nicht.

Welcher Ta__ ist heute? Heute ist Samsta__.

Sie hat sich den Mun__ mit Lippenstif__ angemalt.

Papa, woher kommt das Bro__?

Wächst es auf dem Fel__?

Dieser Saf__ ist mir zu kal__.

Diese Fruch__ mag ich nicht. Sie ist schon al__.

Die Uhr zeigt die Zei__ an.

Schau mal, der Hun__ hat so ein nettes Gesich__.

12 Diktattext. Wie willst du heute üben?
Umkreise: .
Die Diktatformen sind auf Seite 2 erklärt.

Jeden Tag gehe ich mit
unserem Hund Gassi.
Der Wind weht über das Feld.
Wir gehen heute einen neuen Weg.
Bei der Bank darf mein Hund trinken.
Am Abend müssen wir zu Hause sein.

(34 Wörter)

Was frisst das Kälbchen?
Der kleine Junge schaut dem Kälbchen zu.
Das Kalb steht Tag und Nacht auf der Wiese
und frisst Gras.
„Können Kälber keine Brötchen fressen?", fragt er.
Da lacht die Mutter:
„Kälber sind keine Mäuse, die gerne
Brot anknabbern."

(42 Wörter)

1 Schreibe den Text ab.
Tipps zum Abschreiben findest du auf Seite 2.

2 Du bist ein Zauberer.
Zaubere aus den Wörtern die Mehrzahl.

Gras   **Maus**

Äst**e**   **Zahn**

          Nacht

Strauch

Bilde ich die Mehrzahl,
wird oft aus einem a ein
ä und aus au ein äu.

3 Schreibe aus dem Text oben alle Namenwörter
heraus, die in der Mehrzahl stehen.

_____

_____

der Ast

das Gras

die Maus

die Nacht

der Strauch

der Zahn

4 Hier darfst du die Dinge klein machen.
Schreibe mit Begleiter auf.

Beispiel:

der Ast   —   das Ästchen

"chen" und "lein"
machen die Dinge klein.

Haus _____

Brot _____

Maus _____

Zahn _____

Blatt _____

Mann _____

Hand _____

Puppe _____

Taube _____

5 Male die Umlaute in der Verkleinerung gelb an.
Was ändert sich?

Aus a wird _____, aus au wird _____.

6 Ordne die Wörter im grünen Kasten in
die richtige Kiste!

Brot	Mäuse	Kühe	Nacht	Zahn
Mutter	Zähne	Maus	Äste	Gras
Strauch	Nächte	Brote		Kälbchen
Kalb	Ast	Sträucher		Mütter
Brötchen	Kuh	Mäuslein		Gräser

der Ast

Einzahl

das Gras

die Kuh

Mehrzahl

die Maus

die Nacht

der Strauch

Verkleinerung

der Zahn

?! ⑦ Kannst du es erklären?

Warum schreibt man Häuser mit äu?

Weil man Haus mit au schreibt.

Warum schreibt man Nächte mit ä?

_____

Warum schreibt man Blättchen mit ä?

_____

Warum schreibt man Zähne mit ä?

_____

Warum schreibt man Sträucher mit äu?

_____

⑧ Diktattext. Wie willst du heute üben?
Umkreise: , , , , , .
Die Diktatformen sind auf Seite 2 erklärt.

Hast du die Kälbchen gesehen?
Sie fressen Blätter von den Ästen.
In der Nacht huschen die Mäuschen in die Häuser.
Sie wollen keine Gräser, sie wollen Würstchen und
Brötchen.
Mit den kleinen Zähnchen fressen sie schnell.

(36 Wörter)

Im Winter

Lisas Vater arbeitet beim Winterdienst.
Wenn der erste Schnee fällt, streut er Salz.
So wird der Verkehr nicht behindert.
Im Park füttert er in der Pause die Vögel
mit Vogelfutter.
Bei der Arbeit ist ihm oft kalt,
deshalb hat er Tee dabei.

(44 Wörter)

 1 Schreibe den Text ab.
Tipps zum Abschreiben findest du auf Seite 2.

2 Schreibe die Wörter mit V auf!

V — ater → _____

— erkehr → _____

— ogel → _____

3 Setze das Tunwort **versuchen** in der richtigen Form ein.

Die Plätzchen sehen lecker aus.

Lisa _____ eins davon.

Ich kann nicht so gut Sterne basteln.

Trotzdem _____ ich es.

Gestern hatten wir einen großen Streit.

_____ wir, uns zu vertragen?

der Vater

der Verkeh

der Vogel

versuche

vier

die Hexe

das Lexiko

quaken

das Quadr

der Mai

④ Füge die Wörter vom Baum passend in die Lücken.

Die _ _ _ _ liest in ihrem _ _ _ _ _ _ _.

Der Frosch _ _ _ _ _ und hüpft in den See.

Im _ _ _ blühen viele Blumen.

Ein _ _ _ _ _ _ _ hat vier Ecken.

(24 Wörter)

⑤ Schreibe die Sätze als Würfeldiktat.
Wie du ein Würfeldiktat schreibst, ist auf Seite 2 erklärt.

Was die kleine Hexe alles zaubert!

Vater quakt ein Lied.

Im Mai fällt grüner Schnee.

Der Vogel liest im Lexikon.

Der Frosch versucht zu sprechen.

Der Verkehr fährt im Quadrat.

⑥ Finde die Wörter in der Wörterschlange.
Trenne sie mit Strichen ab und schreibe die Wörter
nach dem ABC geordnet auf.

_____

_____

_____

MANOGELHEXEVERKEHRQUADRATVATERQUAKENVIERVERSUCHENLEXIKON

7 Schreibe die Wörter vom Baum richtig auf.
Male die doppelten Selbstlaute gelb an.

_____   _____   _____

8 Reime.

Tee   Haare

Schn_____   P_____

Kl_____

Jahre reimt sich doch auch!

9 Warum schreiben wir Jahre nicht zu Aufgabe 8?

_____

10 Diktattext. Wie willst du heute üben?
Umkreise: .
Die Diktatformen sind auf Seite 2 erklärt.

Im Mai ist es schön.
Die Frösche quaken.
Die Vögel fliegen.
Der Vater trinkt Tee im Garten und liest im
Lexikon.
Nur die Hexe rauft sich die Haare.
Sie versucht Schnee zu zaubern.
Zum Glück zaubert sie nur Klee.   (39 Wörter)

das Haa

der Schne

der Tee

kontrolliert: ☐